Uwe Bergmann



# Vertretungsstunden Mathematik

## in der Sekundarstufe I

39 Vorschläge für anregende Unterrichtsstunden

\+ 12 Kopiervorlagen

Ernst Klett Verlag

CIP-Titelaufnahme der Deutschen Bibliothek

**Bergmann, Uwe:**
Vertretungsstunden Mathematik in der Sekundarstufe I : 39
Vorschläge für anregende Unterrichtsstunden / Uwe Bergmann.
1. Aufl. - Stuttgart : Klett, 1988
(Klett-Schulpraxis)
ISBN 3-12-922611-7

1. Auflage 1988

Satz: Zechnersche Buchdruckerei, Speyer
Druck: W. Röck, Weinsberg
Abbildungen: Karola Bergmann, Wolfenbüttel
Einband- und Innengestaltung: Günter Bosch, Stuttgart
ISBN 3-12-922611-7

# Inhaltsverzeichnis

**Einleitung** . . . . . . . . . . . . . . . . . . . . . . . . . . . . 5

**Aufbau** . . . . . . . . . . . . . . . . . . . . . . . . . . . . . . . 6

**Gliederung der Unterrichtseinheiten nach Klassenstufen** 7

**Aus Geometrie und Topologie**

1 Flächenverwandlungen . . . . . . . . . . . . . . . . 9
2 Kreisberechnungen . . . . . . . . . . . . . . . . . . 13
3 Rund um den Pythagoras . . . . . . . . . . . . . . 14
A Wiederholung des Pythagoras . . . . . . . . . . 15
B Pythagoräische Zahlentripel . . . . . . . . . . . 17
C Pythagoras – nur Quadrate? . . . . . . . . . . . 19
D Pythagoras – rechter Winkel? . . . . . . . . . . 22
4 Kreuzungsfreie Linienführungen . . . . . . . . . 24
5 Kürzeste Wege . . . . . . . . . . . . . . . . . . . . 27
6 Kreuzungen . . . . . . . . . . . . . . . . . . . . . . 30
7 Eulerscher Satz . . . . . . . . . . . . . . . . . . . 33
A Eulerscher Polyedersatz . . . . . . . . . . . . . 33
B Netze . . . . . . . . . . . . . . . . . . . . . . . . 37
8 Wanderungen um Vielecke . . . . . . . . . . . . . 40
9 Von Parketten zu Platonischen Körpern . . . . . . 42

**Aus der Zahlentheorie**

10 Teilbarkeit . . . . . . . . . . . . . . . . . . . . . 47
11 Periodische Dezimalbrüche . . . . . . . . . . . . 49
12 Kettenbrüche . . . . . . . . . . . . . . . . . . . . 53
13 Zahlen aus Figuren . . . . . . . . . . . . . . . . 57
14 Summen aufeinanderfolgender Zahlen . . . . . . 61
15 Zahlensiebe . . . . . . . . . . . . . . . . . . . . 64
16 Zahlentheoretische Funktionen . . . . . . . . . . 66

**Historisches**

17 Rechenkunst in der Antike . . . . . . . . . . . . 70
18 Der Satz des THALES . . . . . . . . . . . . . . . 75
19 FIBONACCI-Zahlen . . . . . . . . . . . . . . . . 77

20 Die GOLDBACHsche Vermutung . . . . . . . . . . . . . . 79
21 Die Wanderungen Leonhard Eulers . . . . . . . . . . . . . 81

**Zum Tüfteln und Knobeln**

22 Umfüllaufgabe . . . . . . . . . . . . . . . . . . . . . . 86
23 Wiegeaufgaben . . . . . . . . . . . . . . . . . . . . . . 87
24 Vom Geldwechseln . . . . . . . . . . . . . . . . . . . . 90
25 Unvollständige Rechnungen . . . . . . . . . . . . . . . . 93
26 Kryptogramme . . . . . . . . . . . . . . . . . . . . . . 97
27 Flächen in Punktgittern . . . . . . . . . . . . . . . . . 100

**Angewandte Mathematik**

28 Stellenwertsysteme . . . . . . . . . . . . . . . . . . . 103
29 Das PASCALsche Dreieck . . . . . . . . . . . . . . . . . 108
30 Uhr und Kalender . . . . . . . . . . . . . . . . . . . . 111
31 Die Osterformel . . . . . . . . . . . . . . . . . . . . . 114
32 Das BUFFONsche Nadelproblem . . . . . . . . . . . . . . 117

**Merkwürdiges und Scherzhaftes**

33 Darstellungen der Zahl 100 . . . . . . . . . . . . . . . 120
34 Alle Wege führen zur 495 . . . . . . . . . . . . . . . . 122
35 Merkwürdige Zahlenfolgen . . . . . . . . . . . . . . . . 123
36 Die abessinische Art zu multiplizieren . . . . . . . . . . 126
37 Rechnen mit den binomischen Formeln . . . . . . . . . . 127
38 64 = 65? . . . . . . . . . . . . . . . . . . . . . . . . 129
39 24 Negerküsse . . . . . . . . . . . . . . . . . . . . . . 132

**Weiterführende Literatur** . . . . . . . . . . . . . . . . 134

# Einleitung

Jeder von uns hat sich schon einmal beim Blick auf den Vertretungsplan darüber geärgert, eine zusätzliche Unterrichtsstunde, möglicherweise sogar in einer ihm fremden Klasse, geben zu müssen. Und oft wurde die Zeit dann irgendwie herumgebracht, sei es mit mehr oder weniger geistreichen Spielchen, mit Gesprächen oder mit den Hausaufgaben.

Sicherlich ist es aber auch möglich, diese Vertretungsstunden insofern sinnvoll zu nutzen, als man Unterricht macht, der vom Inhalt her über den von Richtlinien, Fachkonferenzen und anderen Absprachen geregelten hinausgeht. Dies trifft besonders für das Fach Mathematik zu, das ja leider viel zu oft mit dem Vorurteil des zu Schwierigen, Abstrakten, Undurchschaubaren und wenig Kreativen zu kämpfen hat.

Dabei gibt es eine Fülle von Fragestellungen, die verblüffend, witzig, zum Nachdenken oder Ausprobieren anregend sind und auch sogenannten „Mathemuffeln" Spaß bereiten können.

Die hier vorgestellten Unterrichtseinheiten sind für Mathematiklehrer, aber auch für andere Lehrer an Gymnasien gedacht, die sinnvollen und motivierenden Vertretungsunterricht geben wollen. Dabei sind die Inhalte so ausgewählt, daß die Schüler im nachhinein Probleme entdecken und durch heuristisch forschendes Vorgehen lösen. Viele der angebotenen Themen lassen sich als Themenkreise im Sinne von Wittenberg („Bildung und Mathematik") auffassen.

Ziel der Unterrichtseinheiten ist es, die Schüler zum Staunen zu bringen und zu der Erkenntnis, daß Mathematik mehr ist als das, was ihnen im täglichen Unterricht geboten wird. Daneben bieten die meisten Aufgaben auch die Möglichkeit, zu rechnen oder schon bekannten Stoff in einem anderen Zusammenhang zu sehen und zu wiederholen.

# Aufbau

Damit der Lehrer ohne große Vorbereitung den Unterricht führen kann, wurde auf eine allzu formale Darstellung der mathematischen Inhalte verzichtet. Daher ist die Konzeption der Unterrichtseinheiten so angelegt, daß die Aufgaben und Arbeitsanweisungen direkt übernommen werden können.
Jede Einheit ist in sich abgeschlossen und folgendermaßen gegliedert:

**I**

Allgemeine Angaben
a) ab welchem Schuljahr
b) benötigte Vorkenntnisse
c) mathematisch-inhaltliche Skizzierung
d) didaktische Bemerkungen

**II**

Darstellung der Unterrichtseinheit mit Lösungen

Der Lehrer hat die Möglichkeit, unter den Aufgaben, die bis auf wenige Ausnahmen mit Lösungen versehen sind, leichtere und weiterführende auszuwählen. Dadurch kann ein unterschiedlich hohes Niveau beim Bearbeiten erreicht werden oder innerhalb der Lerngruppe differenziert werden.
Neben dem Inhaltsverzeichnis findet der Benutzer auch eine nach Schuljahren gegliederte Übersicht über die Unterrichtseinheiten. Dabei sind die Klassenangaben so zu verstehen, von welcher Klassenstufe ab die betreffende Einheit durchführbar ist. Keinesfalls jedoch sollte man sich auf die dort angegebenen Klassenstufen beschränken.
Um die Arbeit zu erleichtern, befinden sich im Anhang Kopiervorlagen, die die etwas umfassenderen Abbildungen wiedergeben.

## Gliederung der Unterrichtseinheiten nach Klassenstufen

### Ab Klasse 5:

Kreuzungsfreie Linienführungen . . . . . . . . . . . . . . . . . . 24
Die GOLDBACHsche Vermutung . . . . . . . . . . . . . . . . . . 79
Umfüllaufgabe . . . . . . . . . . . . . . . . . . . . . . . . . 86
Wiegeaufgaben . . . . . . . . . . . . . . . . . . . . . . . . . 87
Vom Geldwechseln . . . . . . . . . . . . . . . . . . . . . . . 90
Unvollständige Rechnungen . . . . . . . . . . . . . . . . . . . 93
Kryptogramme . . . . . . . . . . . . . . . . . . . . . . . . . 97
Alle Wege führen zur 495 . . . . . . . . . . . . . . . . . . . 122
Merkwürdige Zahlenfolgen . . . . . . . . . . . . . . . . . . . 123
Die abessinische Art zu multiplizieren . . . . . . . . . . . . . 126
24 Negerküsse . . . . . . . . . . . . . . . . . . . . . . . . . 132

### Ab Klasse 6:

Kreuzungen . . . . . . . . . . . . . . . . . . . . . . . . . . 30
Die Wanderungen Leonhard Eulers . . . . . . . . . . . . . . . . 81

### Ab Klasse 7:

Flächenverwandlungen . . . . . . . . . . . . . . . . . . . . . 9
Kürzeste Wege . . . . . . . . . . . . . . . . . . . . . . . . . 27
Eulerscher Satz . . . . . . . . . . . . . . . . . . . . . . . . 33
Wanderungen um Vielecke . . . . . . . . . . . . . . . . . . . . 40
Von Parketten zu Platonischen Körpern . . . . . . . . . . . . . 42
Teilbarkeit . . . . . . . . . . . . . . . . . . . . . . . . . . 47
Periodische Dezimalbrüche . . . . . . . . . . . . . . . . . . . 49
Kettenbrüche (1. Teil) . . . . . . . . . . . . . . . . . . . . 53
Zahlen aus Figuren . . . . . . . . . . . . . . . . . . . . . . 57
Summen aufeinanderfolgender Zahlen . . . . . . . . . . . . . . . 61
Zahlensiebe . . . . . . . . . . . . . . . . . . . . . . . . . . 64
Rechenkunst in der Antike . . . . . . . . . . . . . . . . . . . 70
Der Satz des THALES . . . . . . . . . . . . . . . . . . . . . . 75
FIBONACCI-Zahlen . . . . . . . . . . . . . . . . . . . . . . . 77
Flächen in Punktgittern . . . . . . . . . . . . . . . . . . . . 100
Stellenwertsysteme . . . . . . . . . . . . . . . . . . . . . . 103
Uhr und Kalender . . . . . . . . . . . . . . . . . . . . . . . 111
Die Osterformel . . . . . . . . . . . . . . . . . . . . . . . . 114

Das BUFFONsche Nadelproblem . . . . . . . . . . . . . . . . . 117
Darstellungen der Zahl 100 . . . . . . . . . . . . . . . . . . . 120

**Ab Klasse 8:**

Zahlentheoretische Funktionen . . . . . . . . . . . . . . . . . 66
Das PASCALsche Dreieck . . . . . . . . . . . . . . . . . . . . 108
Rechnen mit den binomischen Formeln . . . . . . . . . . . . . 127

**Ab Klasse 9:**

Rund um den Pythagoras . . . . . . . . . . . . . . . . . . . . 14
Kettenbrüche (2. Teil) . . . . . . . . . . . . . . . . . . . . 56
64=65? . . . . . . . . . . . . . . . . . . . . . . . . . . . . 129

**Ab Klasse 10:**

Kreisberechnungen . . . . . . . . . . . . . . . . . . . . . . 13

# Aus Geometrie und Topologie

## 1 Flächenverwandlungen

**I**

a) Ab Klasse 7 (Die Berechnung der Seitenlänge des Quadrats aus Aufgabe 1 ist jedoch erst ab Klasse 9 mit Hilfe des Satzes des Pythagoras möglich.)

b) Eigenschaften von Dreiecken und Vierecken

c) –

d) Die Schüler sollen zum selbständigen Probieren angeleitet werden.
Bei den ersten Aufgaben sind meistens mehrere Lösungen möglich. Eine Variante besteht darin, nicht sofort nach der minimalen Lösung zu suchen, sondern erst einmal möglichst viele verschiedene Lösungen zusammenzutragen.
Die beiden letzten Aufgaben sind recht anspruchsvoll. Hier kann man insofern eine Erleichterung geben, als die Linien, an denen geschnitten werden soll, vorgegeben werden, und die Aufgabe darin besteht, die Teile zusammenzusetzen. Dies ist insbesondere für untere Klassenstufen angemessen.
Besonders anschaulich wird es, wenn die Schüler die Figuren tatsächlich ausschneiden und damit experimentieren.

**II**

**Aufgabe 1:**

Gegeben ist ein Rechteck, dessen Seitenlängen sich wie 2:1 verhalten, z. B. $a = 8$ cm und $b = 4$ cm. Dieses Rechteck ist so geradlinig zu zerschneiden, daß sich die Teile zu einem Quadrat zusammensetzen lassen. Dabei kommt es natürlich auch darauf an, es mit möglichst wenigen Schnitten zu schaffen.

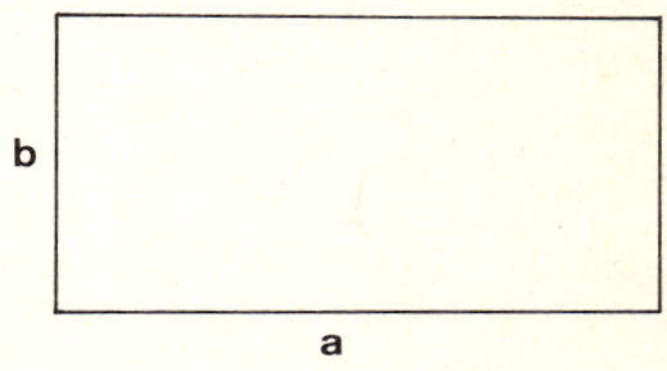

*Lösung:*
Man benötigt mindestens zwei Schnitte:

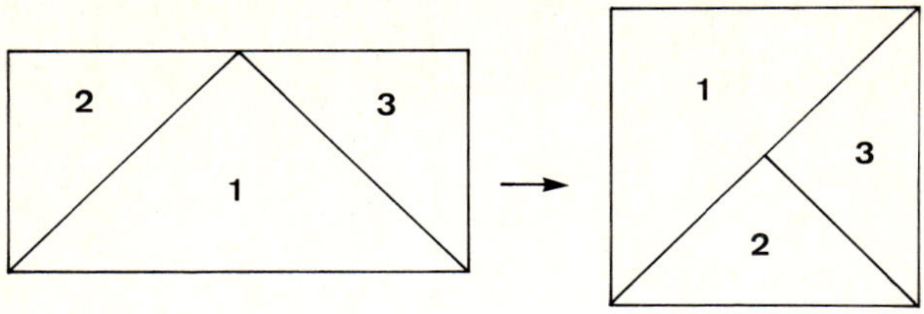

Zum Nachweis, daß die entstandene Figur auch wirklich ein Quadrat ist, genügt es sich klarzumachen, daß die drei Teildreiecke alle gleichschenklig und rechtwinklig sind und die Basiswinkel zweier benachbart liegender Dreiecke sich zu 90° ergänzen. Die Seitenlänge des Quadrats beträgt $\sqrt{4^2+4^2}=4\sqrt{2}$ cm².

**Aufgabe 2:**
Verwandle ein gleichseitiges Dreieck durch Zerschneiden und neu Zusammensetzen der Teile
**a)** in ein Rechteck **b)** in ein Parallelogramm.

*Lösung:*

a)

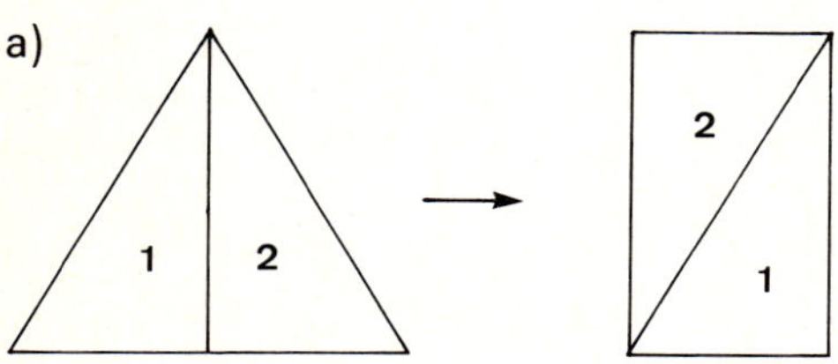

b)

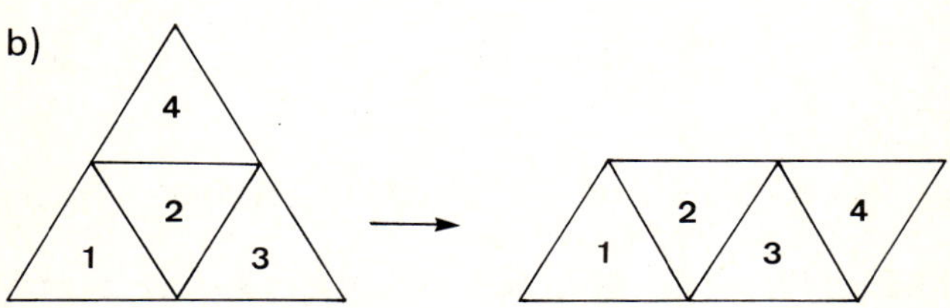

oder

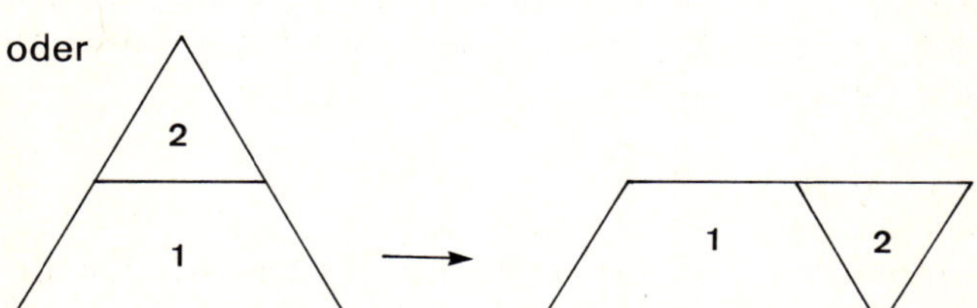

oder

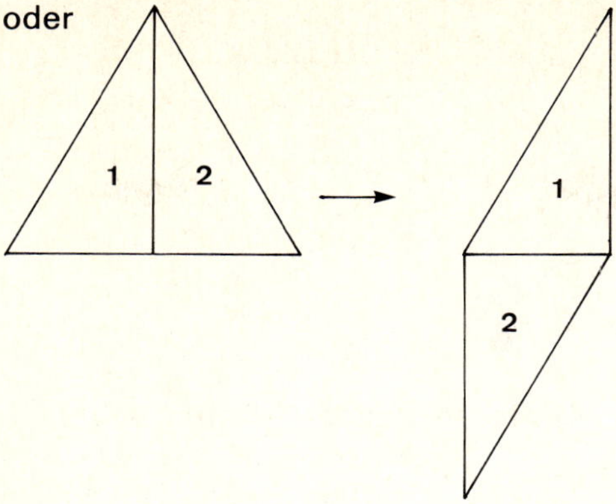


**Aufgabe 3:**

Verwandle **a)** ein Parallelogramm,
**b)** ein Trapez
in ein flächengleiches Rechteck.

*Lösung:*

a)

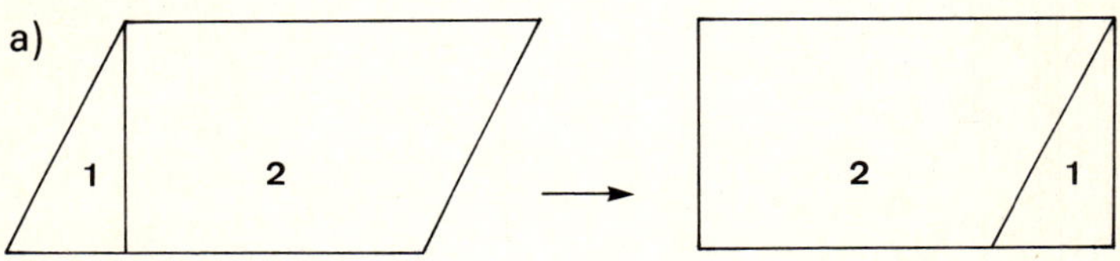


b)

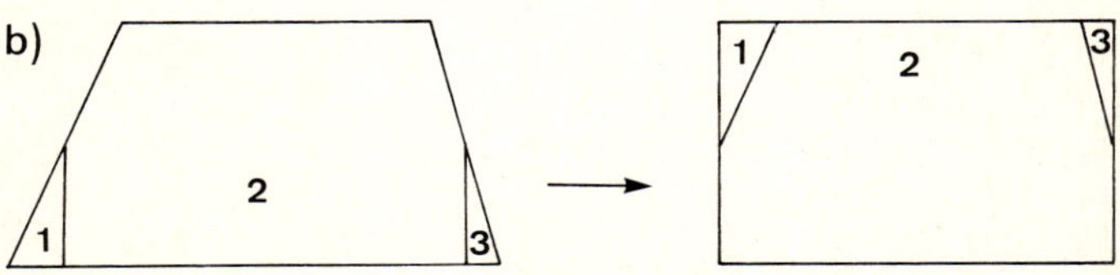


**Aufgabe 4:**

Denke dir weitere Figuren aus und verwandle sie in Rechtecke.
Es macht offenbar keine besonders großen Schwierigkeiten, einfache geometrische Vielecke in Rechtecke zu verwandeln. Jedoch ist die Verwandlung eines beliebigen Rechtecks in ein Quadrat mitunter weitaus schwieriger.

**Aufgabe 5:**

Zeichne ein Rechteck mit a = 2 cm und b = 10 cm und zerlege es mit möglichst wenigen geraden Schnitten so, daß es sich zu einem Quadrat zusammensetzen läßt.

*Lösung:*

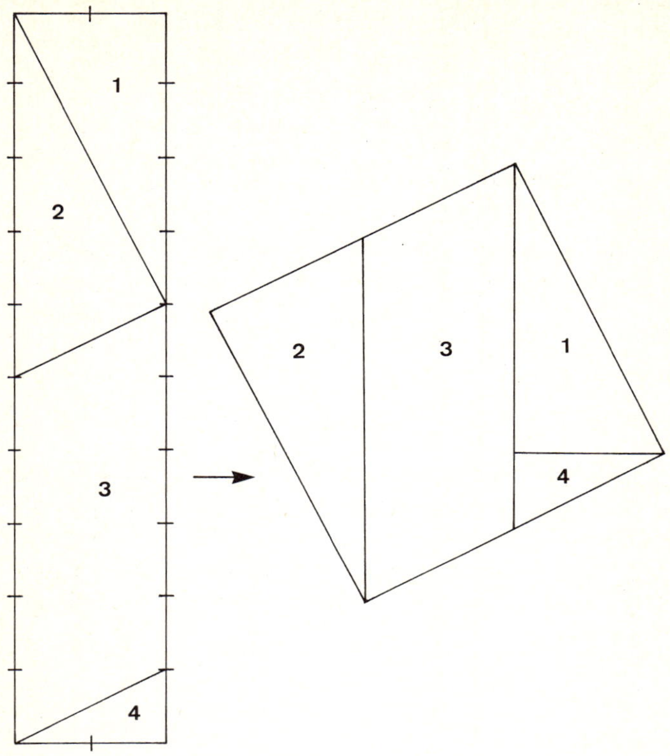


**Aufgabe 6:**

Zeichne ein sog. „griechisches Kreuz“ mit der Seitenlänge 2 cm, zerschneide es an den angegebenen Linien und setze die Teile zu einem Quadrat zusammen.

*Lösung:*

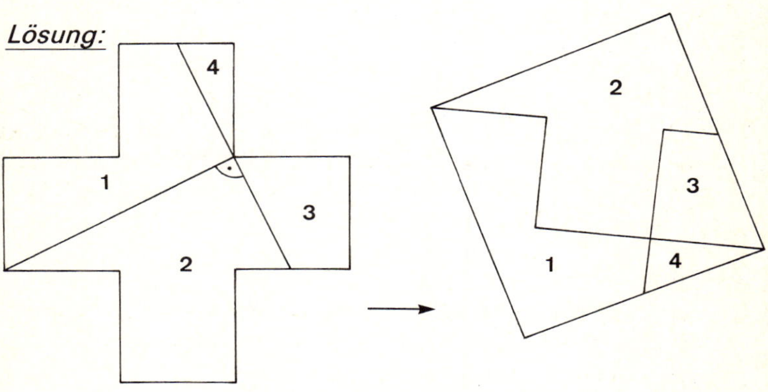

## 2 Kreisberechnungen

### I

a) Ab Klasse 10

b) Formeln für die Berechnung des Flächeninhalts ($A = \pi \cdot r^2$) und den Umfang ($u = 2\pi r$) eines Kreises.

c) Das Bestimmen der Flächeninhalte sogenannter Restflächen führt bei den angeführten Beispielen zu dem verblüffenden Ergebnis, daß trotz unterschiedlicher Anzahl und Größe der ausgestanzten Kreise immer ein gleich großer Rest bleibt. Ähnliches läßt sich bei der Wellblechaufgabe beobachten. Hier ist – unabhängig von Anzahl und Größe der „Wellen" – die Länge der Schnittlinie konstant.

d) Ausgangspunkt sollte die Frage sein, bei welchem Stanzen der Rest am kleinsten ist, bzw. bei welcher Wellblechform man weniger Blech benötigt.
Eine Steigerung in der Aufgabenstellung wäre darin zu sehen, wie groß die Restfläche beim Ausstanzen von $n \cdot n$ Kreisen ist.

### II

**Aufgabe 1:**

Aus einem quadratischen Stück Blech der Seitenlänge 12 cm sollen kreisförmige Blechscheiben ausgestanzt werden. Wann ist der Abfall am geringsten?

**a)** **b)** **c)** **d)**

→ Kopiervorlage

*Lösung:*

Fläche des Blechs: $A = 12\text{ cm} \cdot 12\text{ cm} = 144\text{ cm}^2$

a) $A_1 = \pi \cdot 6^2 = 36\pi$

b) $A_2 = 4 \cdot A_0 = 4 \cdot \pi \cdot 3^2 = 36\pi$

c) $A_3 = 9 \cdot A_0 = 9 \cdot \pi \cdot 2^2 = 36\pi$
d) $A_4 = 16 \cdot A_0 = 16 \cdot \pi \cdot 1{,}5^2 = 16 \cdot \pi \cdot 2{,}25 = 36\pi$
e) $A_n = n^2 \cdot A = n^2 \cdot \pi \cdot \left(\frac{6}{n}\right)^2 = 36\pi$
Der Abfall beträgt in jedem Fall $144\,\text{cm}^2 - 36\pi\,\text{cm}^2 \approx 30{,}9\,\text{cm}^2$ Blech.

**Aufgabe 2:**
Eine Firma soll eine neue Art von Wellblech herstellen. Dabei ist es nötig, den Blechverbrauch gering zu halten. Vergleiche den Verbrauch an Blech bei der Herstellung folgender 240 cm breiter Wellblechsorten.

**a)** 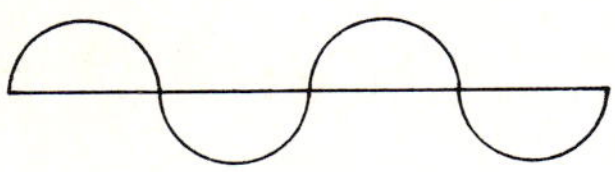

**c)** 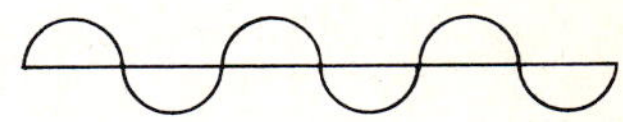

**b)** 

**d)** 

→ Kopiervorlage

<u>*Lösung:*</u>
a) $r_1 = 30\,\text{cm}$; $l_1 = \phantom{1}4 \cdot \pi \cdot 30\,\text{cm} = 120\pi\,\text{cm}$
b) $r_2 = 15\,\text{cm}$; $l_2 = \phantom{1}8 \cdot \pi \cdot 15\,\text{cm} = 120\pi\,\text{cm}$
c) $r_3 = 20\,\text{cm}$; $l_3 = \phantom{1}6 \cdot \pi \cdot 20\,\text{cm} = 120\pi\,\text{cm}$
d) $r_4 = 12\,\text{cm}$; $l_4 = 10 \cdot \pi \cdot 12\,\text{cm} = 120\pi\,\text{cm}$
Der Blechverbrauch ist bei jeder Sorte gleich groß.

## 3 Rund um den Pythagoras

### Allgemeine Bemerkungen

Es handelt sich hier um eine umfangreichere Einheit, deren Behandlung auch in Teilen möglich ist. Die einzelnen Teile sind dabei weitgehend unabhängig voneinander und in sich abgeschlossen.
Die Einheit „Wiederholung des Pythagoras“ ist nur dann nötig, wenn die Behandlung des Pythagoras längere Zeit zurückliegt.

Allgemeines Ziel der Unterrichtseinheit:
Den wichtigen, anwendungsträchtigen Satz des Pythagoras in viele mathematische Zusammenhänge einbetten und so seine fundamentale Bedeutung herausstellen.

## A Wiederholung des Pythagoras

**I**

a) Ab 9. Schuljahr

b) Berechnen der Quadratwurzel

c) Man kann auch die Wiederholung des Pythagoras im Zusammenhang mit einem anschaulichen Beweis einleiten.
Zu zwei kongruenten rechtwinkligen Dreiecken werden einmal die Kathetenquadrate und dann das Hypotenusenquadrat gezeichnet:

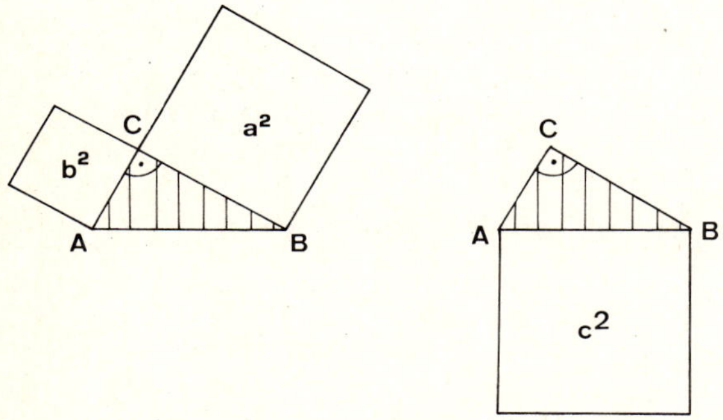


Die so entstandenen Figuren werden durch weitere kongruente Dreiecke zu Quadraten ergänzt:

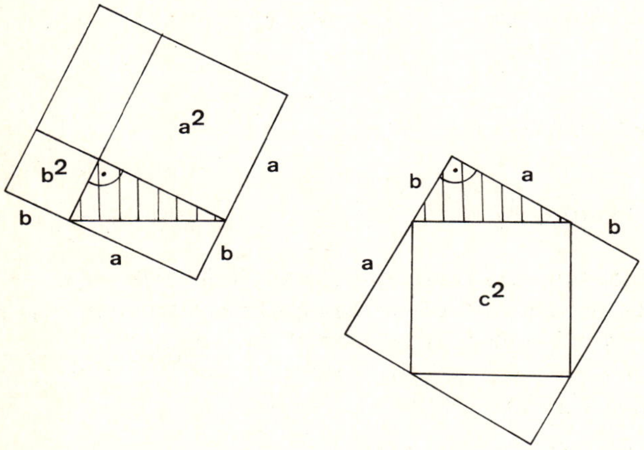


Es entstehen zwei kongruente Quadrate mit den Seitenlängen $a+b$. Subtrahiert man von der Fläche jedes Quadrates vier kongruente Dreiecke, so sieht man, daß $a^2+b^2=c^2$ gilt.

d) Bei der Wiederholung des Pythagoras sollte deutlich gemacht werden, daß der Satz nur für rechtwinklige Dreiecke gilt und daß die Formel von der Lage des rechten Winkels abhängig ist.

**II**

Mittels einer Skizze wird der Satz des Pythagoras reaktiviert. Dabei sollte besonders darauf hingewiesen werden, daß er nur für rechtwinklige Dreiecke gilt.

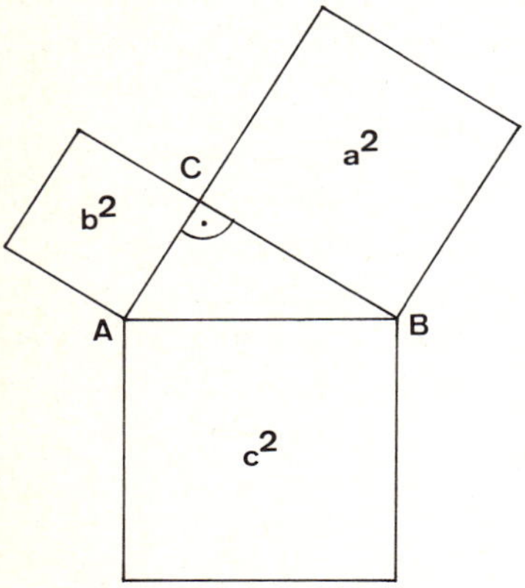


$a^2+b^2=c^2$

Die Summe der Kathetenquadrate ist gleich dem Hypotenusenquadrat.

Die Formel sollte verbalisiert werden, denn hier gilt

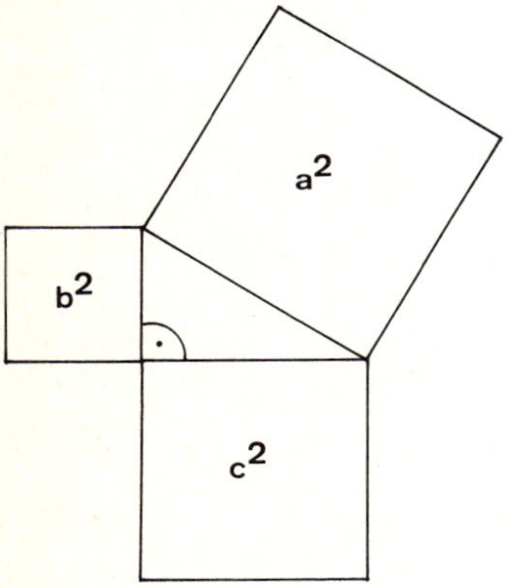


$b^2+c^2=a^2$.

**Aufgabe 1:**
Schreibe die Formel für den Pythagoras, wenn $\beta=90°$ gilt.

**Aufgabe 2:**
Es sei $a=4$ cm und $b=9$ cm. Berechne die Länge der Kathete c.

## B Pythagoräische Zahlentripel

**I**

a) Ab 9. Schuljahr

b) Satz des Pythagoras

c) Die hier auftretenden mathematischen Sachverhalte sind leicht überschaubar. Lediglich das Herleiten der Formel, mit deren Hilfe pythagoräische Zahlentripel berechnet werden können, ist schwieriger. Daher wird hier nur die Gültigkeit der Formel durch Einsetzen überprüft.

d) Zunächst sollte am Beispiel gezeigt werden, daß im Normfall bei ganzzahligen Kathetenlängen die Hypotenuse nicht ganzzahlig ist. Auf diese Weise wird das Problembewußtsein für ganzzahlige Zahlentripel geschärft. Das systematische Probieren zum Auffinden von pythagoräischen Zahlentripeln wird dann tabellarisch ausgeführt. Auch beim Benutzen der Formel schaffen Tabellen Übersicht.

**II**

Die Hypotenuse c soll berechnet werden.

*1. Beispiel:*
$a = 3$ cm; $b = 2$ cm
$c^2 = 3^2 + 2^2 = 13$
$c = \sqrt{13}$; $c \approx 3{,}6\ldots$ cm

*2. Beispiel:*
$a = 3$ cm; $b = 4$ cm
$c^2 = 3^2 + 4^2 = 25$
$c = \sqrt{25}$; $c = 5$ cm

*Problem:*
Gibt es noch andere ganzzahlige (pythagoräische) Zahlentripel (a; b; c),
so daß $a^2 + b^2 = c^2$ gilt?
Wie findet man sie?

a) Probierendes Vorgehen:

| a | b | c | $a^2+b^2$ | $c^2$ |
|---|---|---|---|---|
| 3 | 4 | 5 | $3^2+4^2=25$ | $5^2=25$ |
| 6 | 8 | 10 | $6^2+8^2=100$ | $10^2=100$ |
| $(3\cdot 2)$ | $(4\cdot 2)$ | $(5\cdot 2)$ | | |
| 4 | 5 | 6 | $4^2+5^2=41$ | $6^2=36$ |
| 4 | 5 | 7 | $4^2+5^2=41$ | $7^2=49$ |
| 4 | 6 | 7 | | |
| . . | . . | . . | . . . . . . . | . . . . . |
| 5 | 12 | 13 | $5^2+12^2=169$ | $13^2=169$ |

Verdoppeln – vervielfachen

a festhalten, b systematisch verändern und jeweils durch Spalte 4 und 5 kontrollieren.

**Aufgabe 1:**

Ergänze die Tabelle.

*Ergebnis:*

Beginnt man mit $a=4$, so findet man kein pythagoräisches Zahlentripel. Ausgehend von $a=5$ erhält man dagegen (5; 12; 13) als neues Zahlentripel, das nicht durch Vervielfachung aus einem schon bekannten hervorgegangen ist, wie bei (3; 4; 5) und (6; 8; 10).

b) Arbeiten mit einer Formel:
Es seien m, n ungerade, teilerfremde natürliche Zahlen mit $m>n$, dann liefern die Ausdrücke

$$a=m\cdot n;\quad b=\frac{m^2-n^2}{2};\quad c=\frac{m^2+n^2}{2}$$

pythagoräische Zahlentripel.

| m | n | a | b | c | $a^2+b^2$ | $c^2$ |
|---|---|---|---|---|---|---|
| 3 | 1 | 3 | 4 | 5 | $3^2+4^2=25$ | $5^2=25$ |
| 5 | 1 | 5 | 12 | 13 | . . . . . . | . . . |
| 5 | 3 | 15 | 8 | 17 | . . . . . . | . . . |
| 7 | 1 | . | . | . | . . . . . . | . . . |
| 7 | 3 | | | | | |
| 7 | 5 | | | | | |

**Aufgabe 2:**

Vervollständige die Tabelle.

Es entstehen auf diese Weise nur sogenannte <u>echte</u> pythagoräische Zahlentripel, d. h. nur solche, die nicht durch Vervielfachen aus anderen hervorgehen.

**Aufgabe 3:**

Fülle die Tabelle für $m=9$ aus.

c) Die Gültigkeit der Formel läßt sich so überprüfen:

$$a^2+b^2 = (m\cdot n)^2 + \left(\frac{m^2-n^2}{2}\right)^2$$
$$= \frac{4\cdot m^2n^2+m^4-2m^2n^2+n^4}{4}$$
$$= \frac{m^4+2m^2n^2+n^4}{4}$$
$$a^2+b^2 = \left(\frac{m^2+n^2}{2}\right)^2 = c^2$$

## C Pythagoras – nur Quadrate?

**I**

a) Ab 9. Schuljahr

b) Satz des Pythagoras

c) Eine interessante Variante des Pythagoras ergibt sich, wenn die Quadrate über den Seiten durch Dreiecke bzw. Halbkreise ersetzt werden. Es ist leicht zu erkennen, daß die Beziehung $a^2+b^2=c^2$ auch dann gilt, wenn jedes Quadrat einen beliebigen Faktor k besitzt, so daß

$$k\cdot a^2+k\cdot b^2=k\cdot c^2 \quad \text{gilt.}$$

Für Aufgabe a) ist k in (1) $\frac{1}{4}$, in (2) $\frac{1}{2}$, in (3) $\frac{1}{4}\sqrt{3}$ und für b) ist $k=\frac{\pi}{8}$.

Auch Rechtecke lassen sich über den Seiten anordnen.

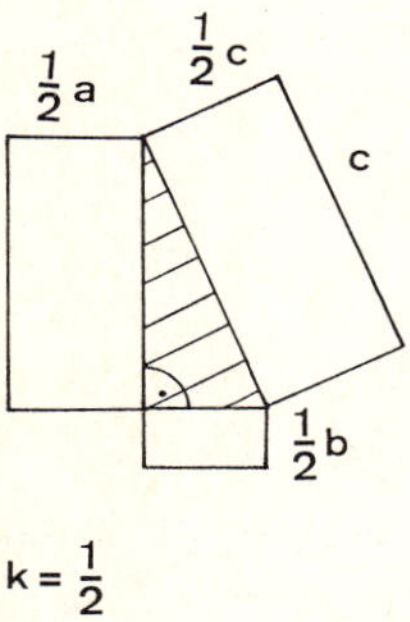


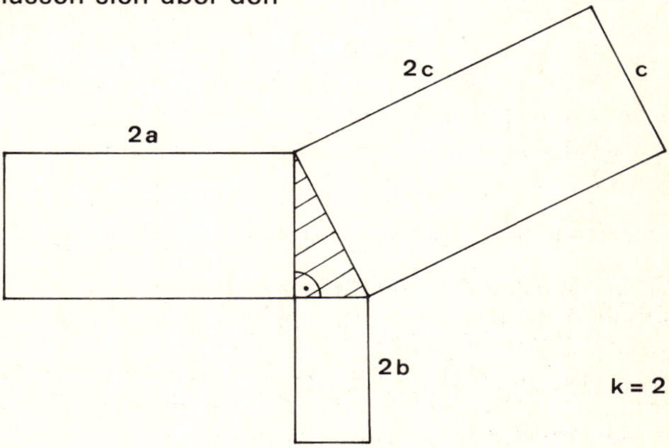

d) In den Aufgaben 1 und 2 sind noch die Dreiecke als Teile der ursprünglichen Quadrate erkennbar und so leichter berechenbar. Bei den anderen Aufgaben fällt dieser Bezug weg. Läßt man die Halbkreise in den Aufgaben b) und c) numerisch berechnen, muß man $\pi$ als Variable verwenden, da sonst Rundungsungenauigkeiten die erwarteten Ergebnisse beeinträchtigen.

## II

a) Dreiecke über den Seiten

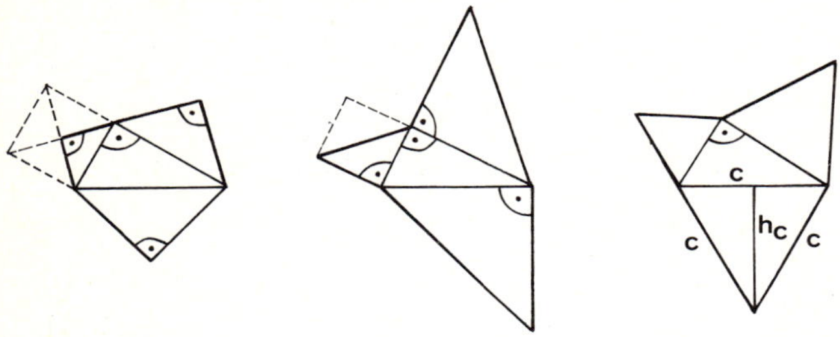


→ Kopiervorlage

$h_c = \frac{c}{2}\sqrt{3}$

Hier sind über den Seiten der rechtwinkligen Dreiecke Dreiecke gezeichnet.

**Aufgabe 1:**
Berechne jeweils die Flächeninhalte der Dreiecke und prüfe, ob die Summe der Dreiecke über den Katheten gleich dem Dreieck über der Hypotenuse ist.

b) Halbkreise über den Seiten

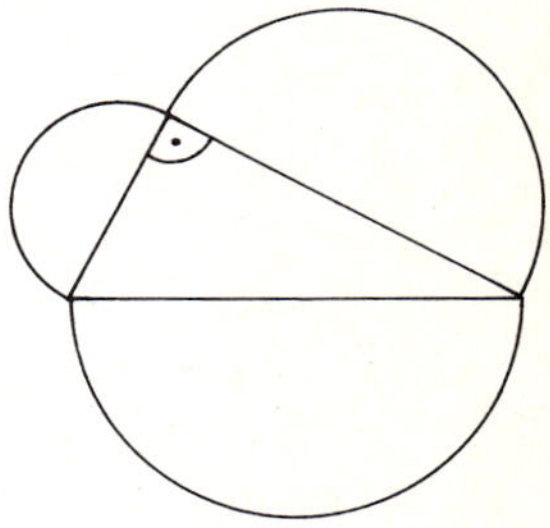

→ Kopiervorlage

c) Möndchen des Hippokrates

Eine interessante, aus dem klassischen Altertum (450 v. Chr.) stammende Variante des Pythagoras stellen die Möndchen des Hippokrates dar:

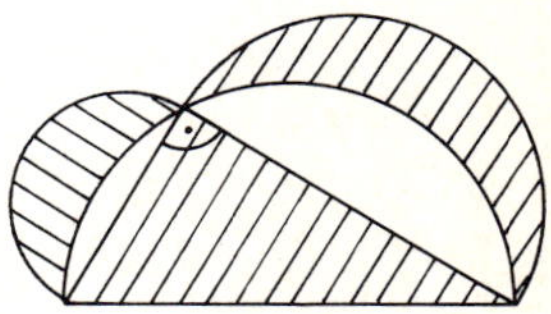

→ Kopiervorlage

Die Fläche der beiden Sicheln (Möndchen) über den Katheten ist gleich der Fläche des Dreiecks.
Geometrischer Nachweis mit Hilfe von b).

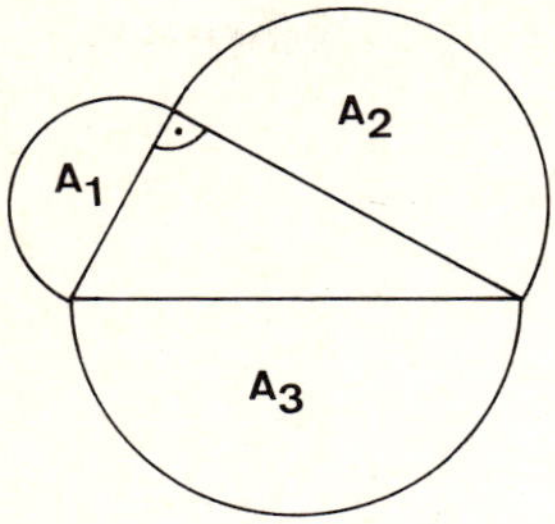


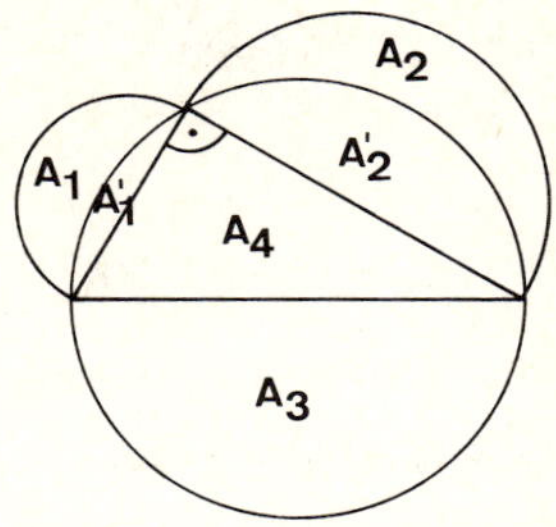


$A_3 = A_1 + A_2$

$$A_3 = (A_1 + A_1') + (A_2 + A_2')$$
$$A_3 = A_1 + A_4 + A_2'$$
$$A_1 + A_1' + A_2 + A_2' = A_1' + A_4 + A_2'$$
$$A_1 + A_2 = A_4$$

**Aufgabe 2:**

Versuche nachzuweisen, daß die 4 Möndchen so groß wie das Quadrat sind.

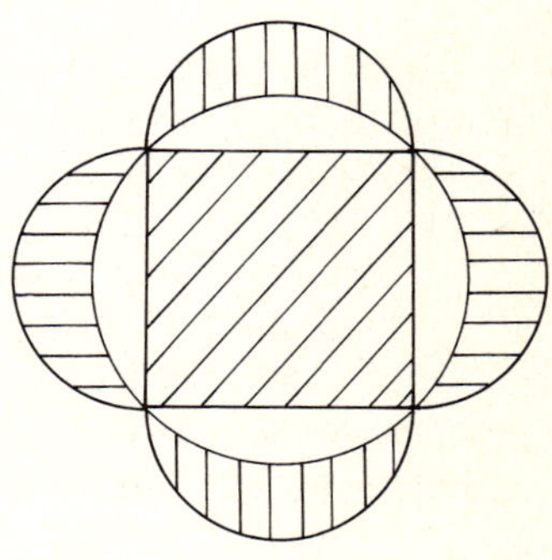

→ Kopiervorlage

*Lösung:*

Man geht hier zweimal vor wie bei den Möndchen des Hippokrates:

$\frac{1}{2}A_1 = A_2 + A_3$; $\frac{1}{2}A_1 = A_4 + A_5$

folglich: $A_1 = A_2 + A_3 + A_4 + A_5$

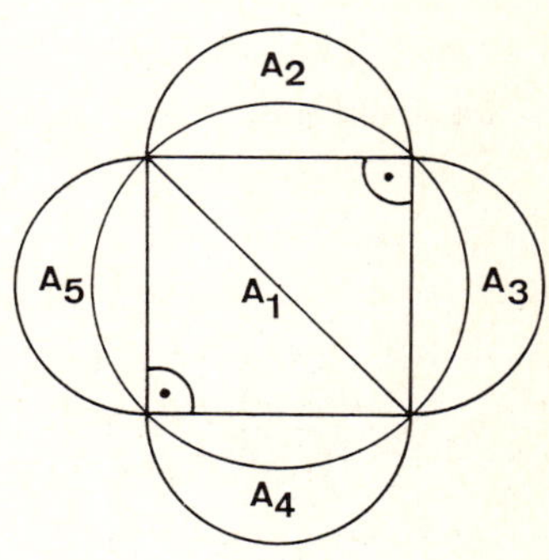

## D Pythagoras – rechter Winkel?

**I**

a) Ab 10. Schuljahr

b) Satz des Pythagoras und Kosinus-Satz

c) Die Interpretation des Kosinus-Satzes

$$c^2 = a^2 + b^2 - 2ab\cos\gamma$$

als Flächensatz eines Dreiecks ist die Grundlage dieser Einheit. Der Pythagoras erscheint nur noch als Sonderfall eines umfassenderen Satzes.
Eine Ergänzung dieser Unterrichtseinheit ergibt sich aus folgender Überlegung am Einheitskreis:

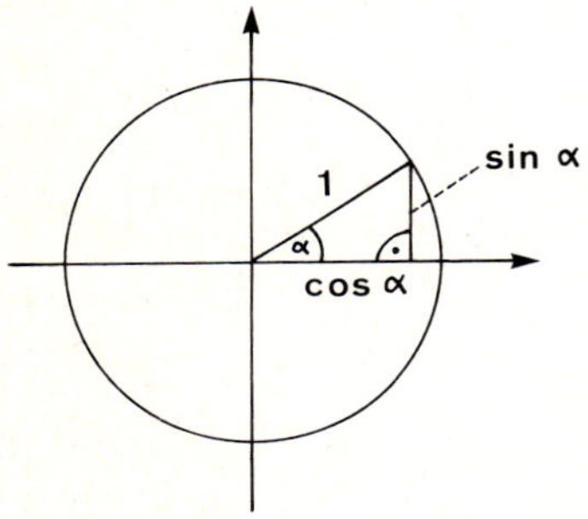


$$\sin^2\alpha + \cos^2\alpha = 1$$

Damit erhält man eine Anwendung des Pythagoras auf Winkelfunktionen.

d) Nachdem in der letzten Einheit die Quadrate im Pythagorassatz relativiert wurden, wird jetzt der rechte Winkel in Frage gestellt. Damit bieten sich den Schülern neue Einsichten und Zusammenhänge, die eine umfassende Würdigung der Bedeutung des Pythagoras ermöglichen.

**II**

Bekanntlich gilt der Pythagoras nur für rechtwinklige Dreiecke. Was wird aus dem Pythagoras, wenn der rechte Winkel durch Verändern des Dreiecks verschwindet?

Genetisches Vorgehen:

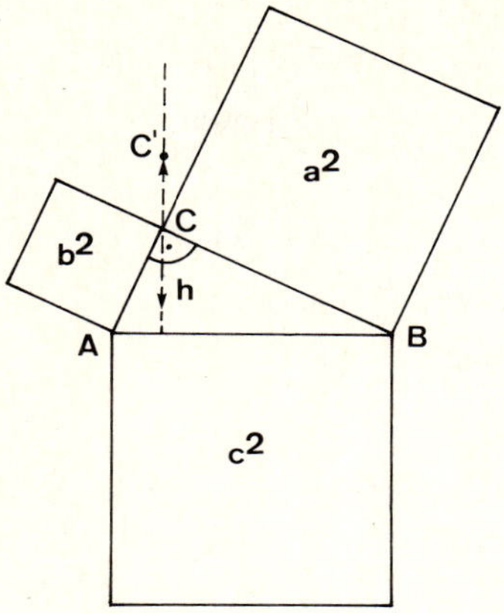


Der Pythagoras gilt:

$c^2 = a^2 + b^2$

**Aufgabe 1:**

Verschiebe den Punkt C in Verlängerung der Höhe h bis C′. Zeichne das Dreieck ABC′.

**a)** Liegt bei c′ ein rechter Winkel? Begründe!

**b)** Konstruiere $a'^2$, $b'^2$, $c^2$.

**c)** Von welchen Quadraten hat sich der Flächeninhalt gegenüber der Pythagorasfigur verändert?

**d)** Führe die Überlegungen a) bis c) auch für ein Dreieck durch, bei dem C′ unterhalb von C liegt.

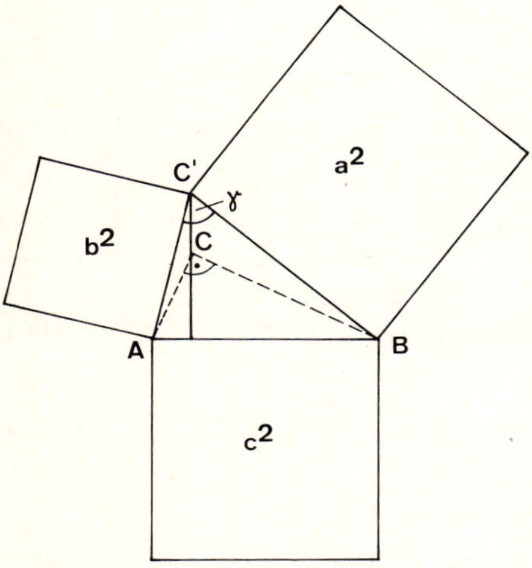


Der Pythagoras gilt nicht. Die Veränderungen der ehemaligen Kathetenquadrate muß durch einen Korrekturterm ausgeglichen werden, der von $\gamma$ abhängt:

$c^2 = a^2 + b^2 - 2ab\cos\gamma$

Es entsteht der Kosinus-Satz.

**Aufgabe 2:**

**a)** Für welchen Winkel $\gamma$ geht der cos-Satz in den Pythagoras über?

**b)** Notiere jeweils den Pythagoras für rechtwinklige Dreiecke mit $\alpha = 90°$ bzw. $\beta = 90°$.

**c)** Wie lautet der Kosinussatz, wenn $\alpha \neq 90°$ bzw. $\beta \neq 90°$ werden?

**d)** Für welche Winkel $\gamma$ wird das Korrekturglied $-2ab\cos\gamma$ subtrahiert und für welche addiert?

## 4 Kreuzungsfreie Linienführungen

| I |
|---|

a) Ab 5. Schuljahr

b) keine

c) Die hier vorliegende Aufgabensequenz stammt aus der anschaulichen Topologie. Die Unmöglichkeit, die Aufgaben 1b, 2b, 2c sowie in 3a die Grundstücksanordnungen für 5 bzw. 6 Freunde lösen zu können, hängt mit dem Jordanschen Kurvensatz zusammen. Dieser Satz besagt vereinfacht interpretiert: Eine einfach geschlos-

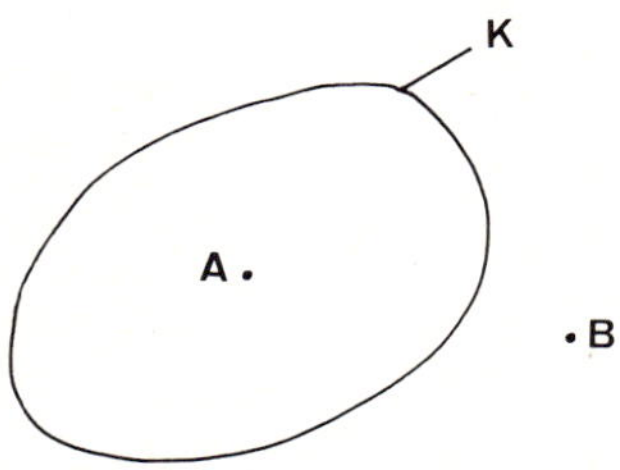


sene Kurve K zerlegt die Ebene in zwei Gebiete. Liegen zwei Punkte in je einem dieser Gebiete, so ist es unmöglich, sie kreuzungsfrei mit K zu verbinden.

d) Diese Aufgaben aus der anschaulichen Topologie (siehe auch Wanderungen Leonhard Eulers) benötigen keinerlei Vorkenntnisse. Sie ermöglichen daher auch allen Schülern den direkten Zugang zu den Aufgabenstellungen. Das hier verlangte systematische Probieren ist eine anregende Bereicherung des häufig abstrakter vorgehenden Mathematikunterrichts.

II

**Aufgabe 1:**

**a)** Drei Einfamilienhäuser sollen mit Wasser (W) und Elektrizität (E) versorgt werden. Die Leitungen sollen aber so verlegt

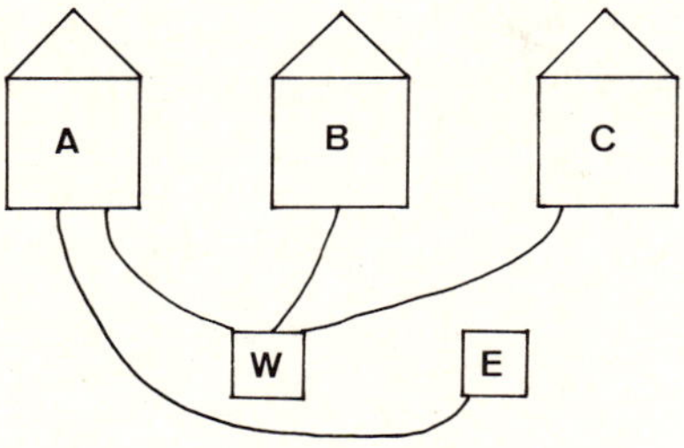


werden, daß sich niemals zwei Leitungen kreuzen. Außerdem wünschen die Hauseigentümer keine Verbindungsleitungen zwischen den Häusern. Wie könnten die restlichen Leitungen gebaut werden?

*Lösung:* zum Beispiel

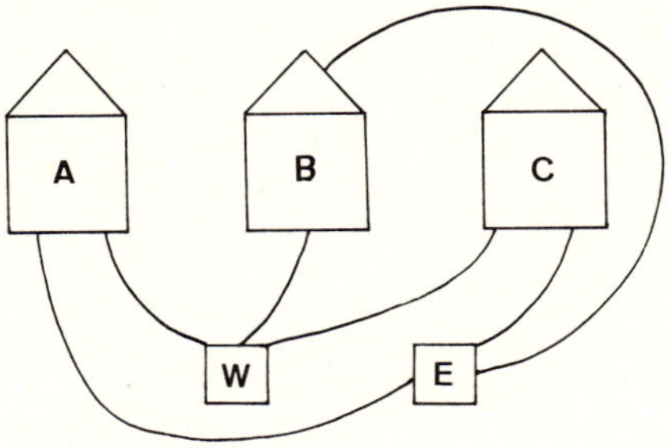


**b)** Nun sollen die Häuser noch zusätzlich je einen Gasanschluß (G) kreuzungsfrei erhalten. Wie könnten jetzt die Leitungen geführt werden?

*Lösung:* ist hier nicht möglich

**Aufgabe 2:**

Drei Orte A, B, C erhalten Verbindungsstraßen, so daß jeder Ort mit jedem andern kreuzungsfrei verbunden ist.

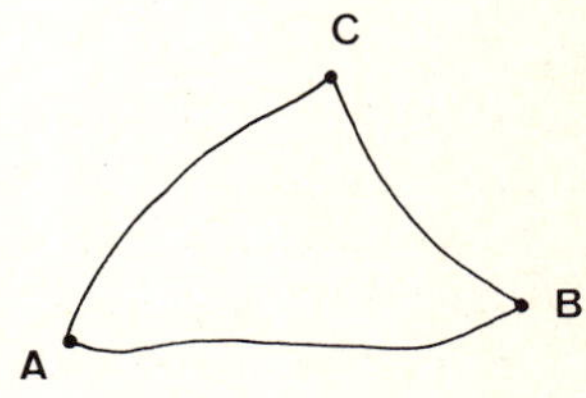

Versuche diese Aufgabe mit 4, 5, 6 Orten zu lösen. Bis zu wie vielen Orten kann man einen solchen Plan zeichnen?

**a)**

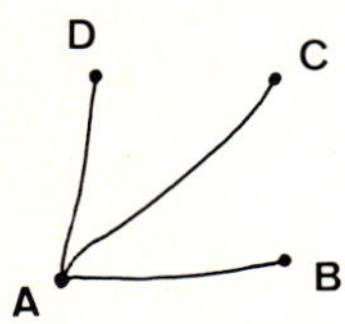


**b)**

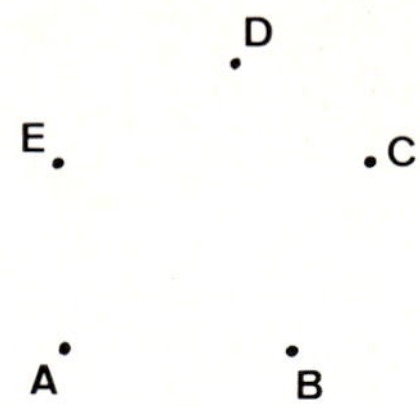


**c)**

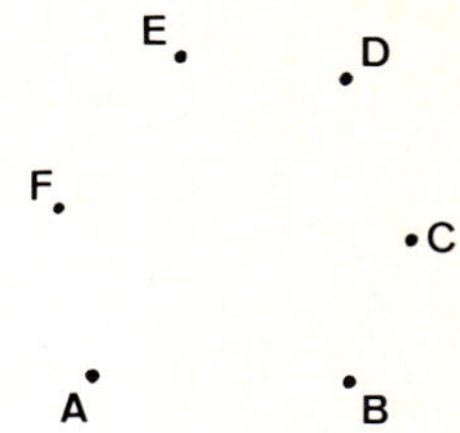


*Lösung:*

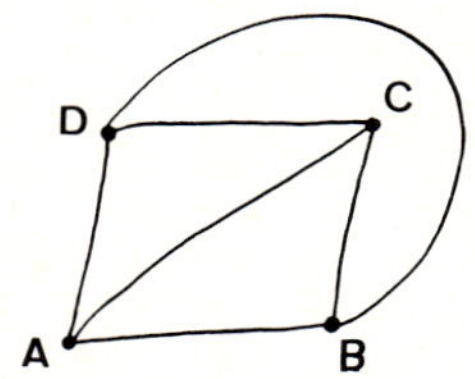


b), c) sind nicht lösbar.

**Aufgabe 3:**

Drei Freunde A, B, C wollen sich je ein Grundstück so anlegen, daß jeder zu jedem eine gemeinsame Grenze besitzt.

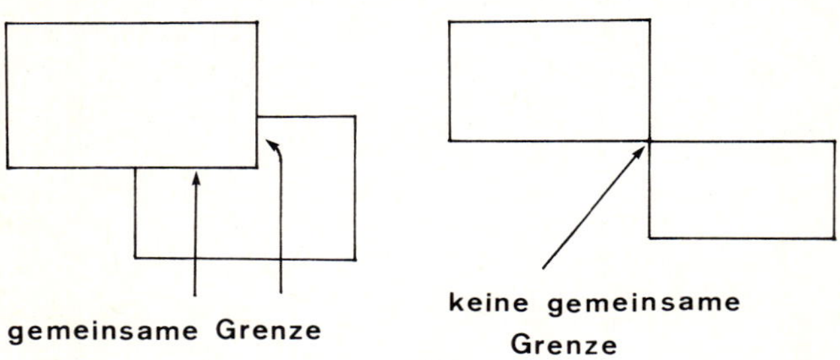


Auf diese Weise kann jeder zu jedem gelangen, ohne über das Grundstück eines anderen gehen zu müssen.
Hier ein Lageplan für die drei Grundstücke:

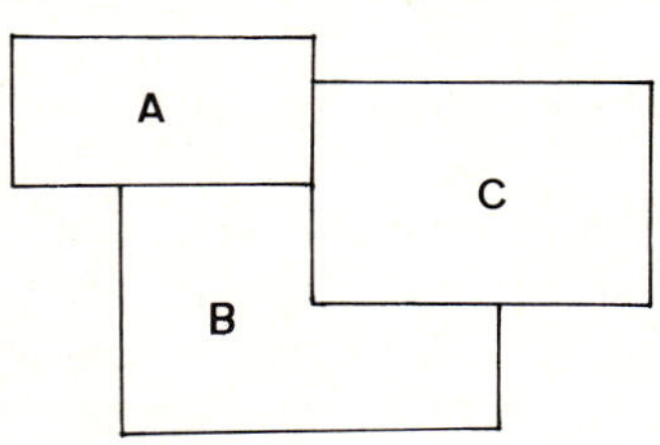

**a)** Wie könnten die Grundstücke für 4, 5, 6 Freunde angelegt werden? Für welche Fälle findest du keine Lösung?
**b)** Vergleiche Aufgabenstellungen und Lösungen von 2. und 3. Fällt dir etwas auf?

<u>*Lösung:*</u> Vier Freunde, z. B.:

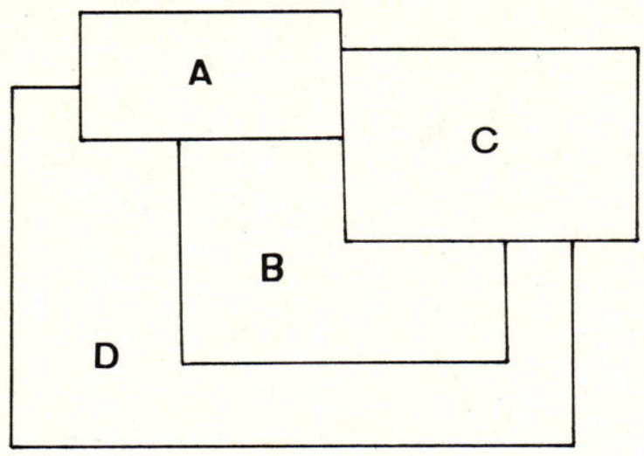


## 5 Kürzeste Wege

I

a) Ab 6./7. Schuljahr

b) Spiegelung an einer Geraden

c) Die Bestimmung von kürzesten Wegen (Minimalwegen) erfolgt hier mit Hilfe der Spiegelung. Zur Begründung, daß der so ermittelte Weg auch tatsächlich der kürzest mögliche ist, verwendet man die Eigenschaft, daß die Spiegelung eine Kongruenzabbildung

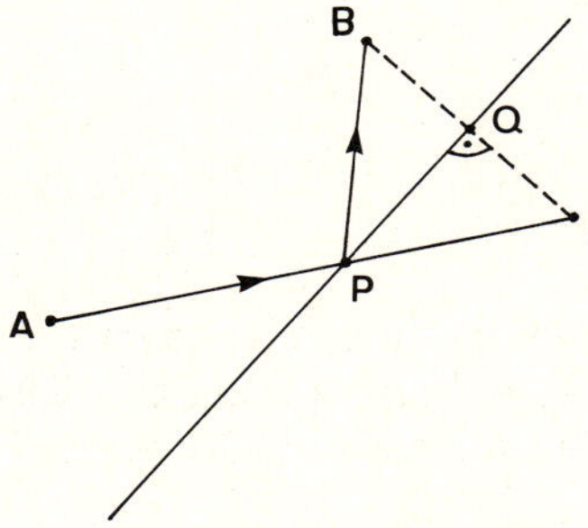


ist, so sind die beiden Dreiecke aus Aufgabe (1) PBQ und PB'Q kongruent und mithin die Strecken $\overline{PB'}$ und $\overline{PB}$ gleich lang.
Die übrigen Aufgaben dieser Einheit verwenden die in Aufgabe (1) erarbeitete Grundkonstruktion jeweils zweimal. Das gilt auch für (3) 3., in der Anfangs- und Endpunkt des Weges in A zusammenfallen.

d) Diese Aufgabensequenz ist besonders geeignet, die Schüler am Lösungsprozeß im Sinne heuristisch-forschenden Vorgehens zu beteiligen. Mögliche Lösungshilfen sind in den Aufgabentexten vermerkt.

## II

Winnetou kommt von einem anstrengenden Ritt zurück. In A angekommen sieht er in B seinen Wigwam. Leider kann er nicht direkt nach B reiten, denn er muß sein müdes Pferd noch am Fluß tränken. Wie muß Winnetou reiten, damit sein Weg nach B so kurz wie möglich wird?

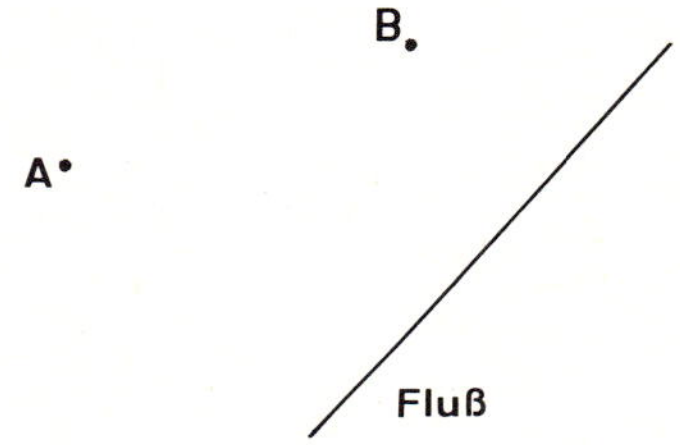


*Lösungshilfe:*
B liegt am jenseitigen Flußufer. Der kürzeste Weg ist jetzt die Strecke

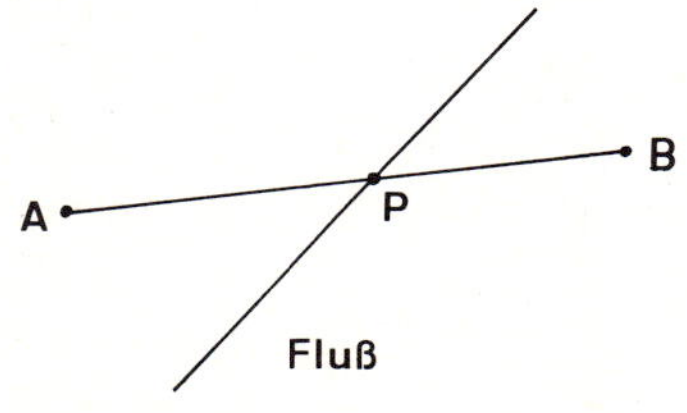


$\overline{AB}$. Diesen Sonderfall kann man offenbar durch Spiegelung von B am Fluß erzeugen:

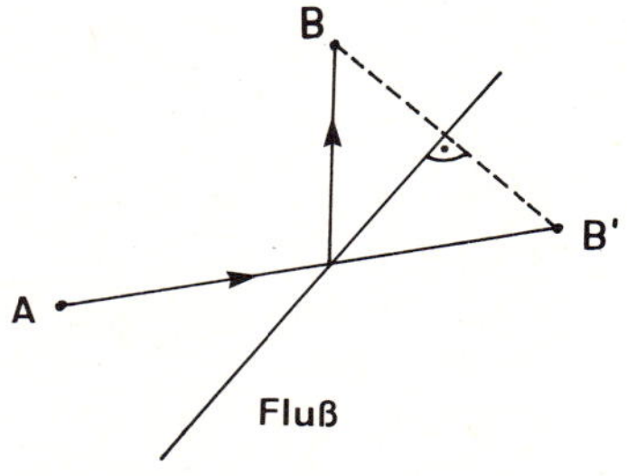


Dann ergibt sich wie aus der Abbildung ersichtlich der kürzeste Weg.

Über den Fluß führt noch eine Straße. Winnetou muß zunächst zur Straße, um dort zu kundschaften, dann will er das Pferd tränken und schließlich seinen Wigwam erreichen. Wie sieht jetzt der kürzest mögliche Weg aus?

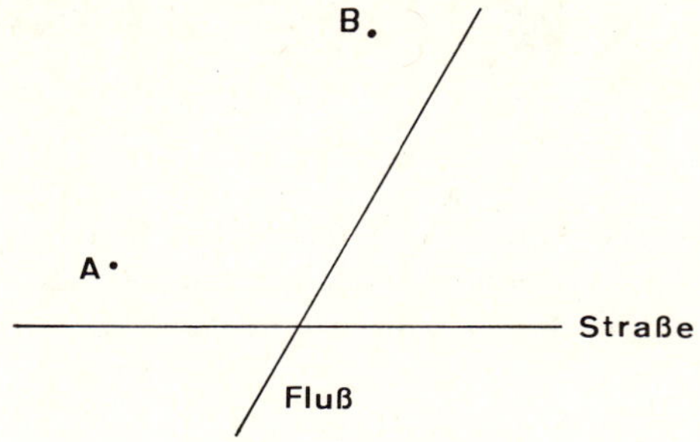


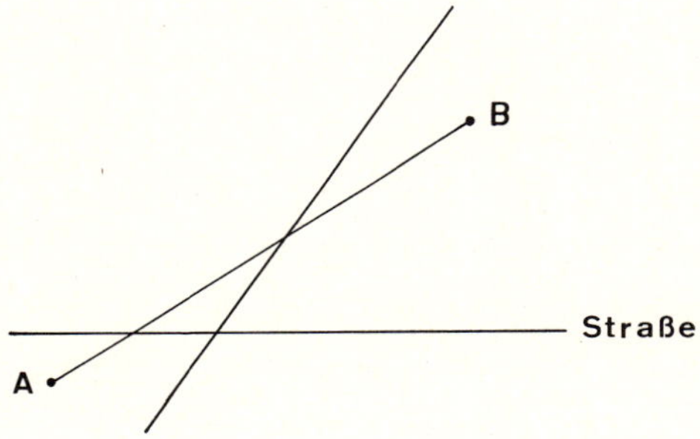


*Lösungshilfe:*
Läge A jenseits der Straße und B auf der anderen Seite des Flusses, hätten wir in der Strecke $\overline{AB}$ wieder die kürzeste Verbindung. Diesen Zustand können wir durch Spiegelung von A an der Straße und von B am Fluß erzeugen.

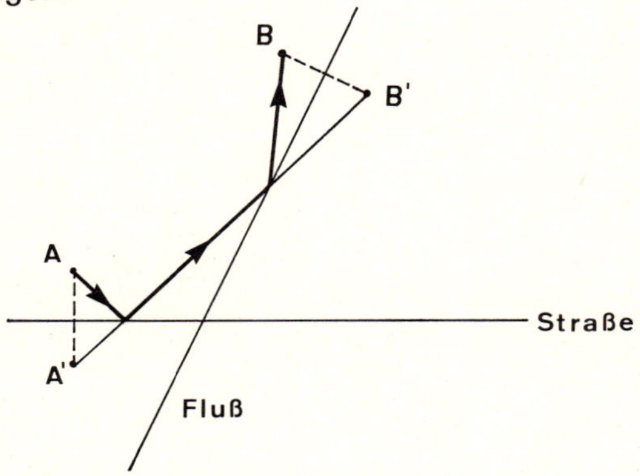


Die Abbildung zeigt den kürzesten Weg.

**Aufgabe 1:**

Der Billiardspieler will die Kugel von A nach B stoßen. Sie soll zuerst an der Bande a, dann an b auftreffen. Sie rollt den kürzesten Weg. Konstruiere ihn.

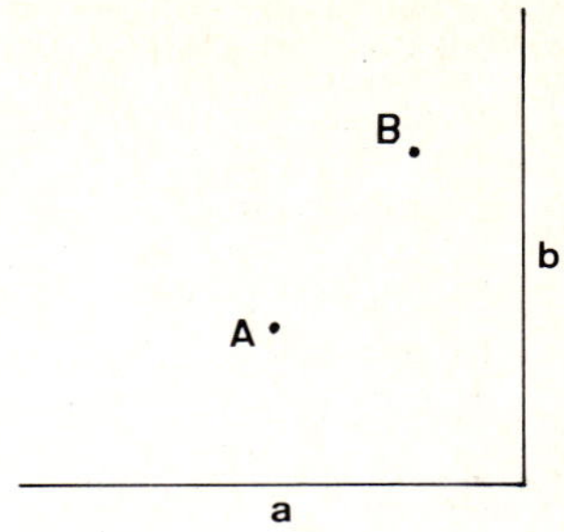


**Aufgabe 2:**

**a)** Ein Lichtstrahl soll von A nach B gelangen. Er wird erst am Spiegel $s_1$, dann an $s_2$ gespiegelt. Konstruiere seinen kürzesten Weg.

**b)** Wie sieht der kürzeste Weg für den Lichtstrahl von A nach B aus, wenn der Strahl zunächst an $s_2$ und dann erst an $s_1$ reflektiert wird?

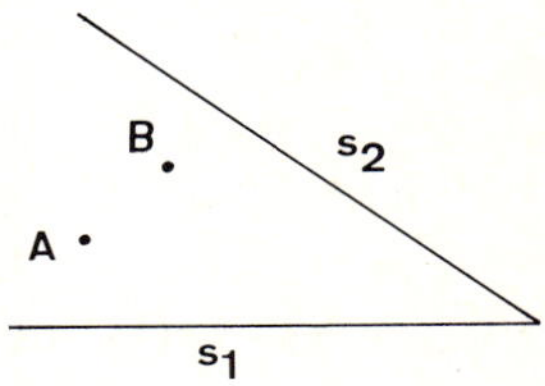


**Aufgabe 3:**

Von A soll eine Kugel auf kürzestem Wege so rollen, daß sie an $w_1$, dann an $w_2$ auftrifft und schließlich nach A zurückrollt. Konstruiere ihren Weg.

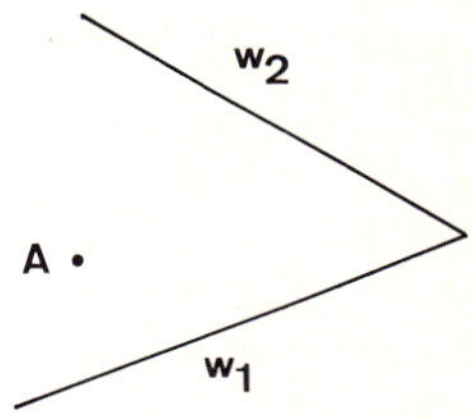


## 6 Kreuzungen

I

a) Ab 6. Schuljahr

b) keine

c) Dieses Thema aus der Linientopologie beschäftigt sich mit Zahlenzyklen, die beim Durchlaufen mehrfach geschlossener Kurven entstehen. Dabei werden die entstehenden Kreuzungen numeriert und nach dem jeweiligen Passieren notiert.
Es zeigt sich, daß Zahlenzyklen, in denen zwischen zweimaligem Durchlauf derselben Kreuzung mindestens einmal eine ungerade Anzahl anderer Kreuzungen liegt, als geschlossene Kurve nicht realisierbar sind.

Beispiel:

1 2 3 2 3 1
ungerade Anzahl

Gegenbeispiel:

1 2 3 3 2 1
gerade Anzahl

Der Beweis für diesen Sachverhalt wird über den Jordanschen Kurvensatz (siehe kreuzungsfreie Linienführungen) geführt. Er ist in 3c) angedeutet.

d) Die hier vorgestellten Aufgaben sind stark handlungsorientiert. Die Schüler sollten mit solchen Kurven experimentieren und so die den Problemen zugrunde liegenden Gesetzmäßigkeiten entdecken.

## II

Martins Eisenbahnanlage besitzt die Kreuzungen 1 und 2.

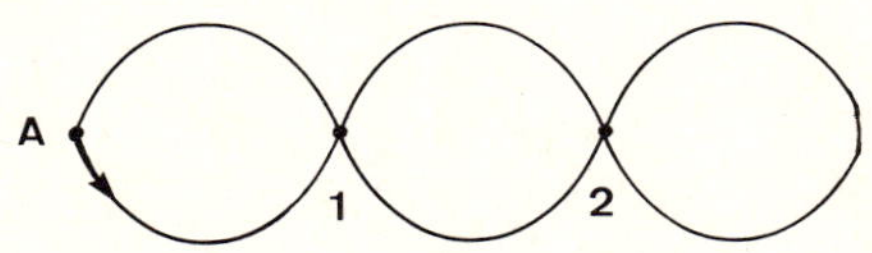


Wenn der Zug sie von A beginnend durchfährt, kann man ihren Weg so beschreiben:

1 2 2 1

Da der Zug die Anlage mehrfach durchfährt, ergibt sich der Zahlenzyklus

1 2 2 1 1 2 2 1 1 2 2 1 ...

**Aufgabe 1:**
Wie sehen die Zahlenzyklen für diese beiden Eisenbahnanlagen aus?

**a)** 

**b)** 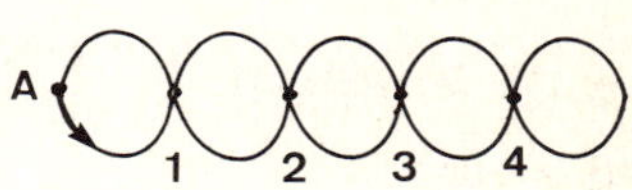


Eine Eisenbahnanlage mit zwei Kreuzungen kann auch so aussehen:

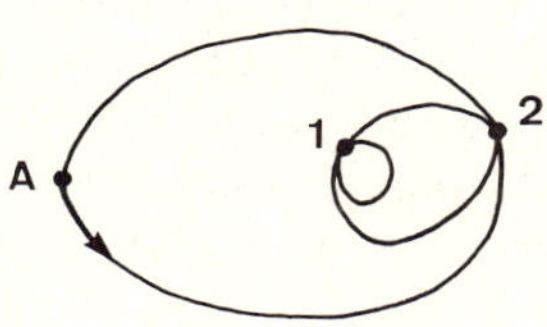

**Aufgabe 2:**

**a)** Welcher Zahlenzyklus gehört dazu?

**b)** Unterscheidet sich der Zyklus von der Abbildung von Martins Eisenbahnanlage?

**Aufgabe 3:**

**a)** Entwirf weitere Eisenbahnanlagen mit zwei Kreuzungen und gib ihre Zahlenzyklen an.

**b)** Erhältst du neue Zyklen?

Der Zahlenzyklus 1 2 1 2 1 2 1 2 ... ist bisher bei keiner Anlage aufgetreten. Kann man eine Eisenbahnanlage aufbauen, zu der er gehört? Wir versuchen es, indem wir A und die Kreuzungen 1 und 2 zeichnen (Abb. a)). Jetzt müssen die Schienen so gelegt werden, wie es dem Zahlenrhythmus entspricht:

a)

b)

121

c)

1212

Abbildung c) zeigt, daß man mit der Streckenführung aus dem Oval nur dann nach A zurückkehren kann, wenn man mindestens ein Gleis kreuzt. Dann hätte man aber eine dritte Kreuzung, die hier nicht vorgesehen ist. Auch die Kreuzung 1 darf man nicht ein weiteres Mal benutzen, da sich dann in 1 drei Strecken kreuzen. Solche Kreuzungen sind aber hier ausgeschlossen.

*Ergebnis:* Es gibt keine Eisenbahnanlage, zu der der Zyklus 1 2 1 2 1 2 1 2 ... gehört.

Wir untersuchen jetzt Eisenbahnanlagen mit drei Kreuzungen.

a)
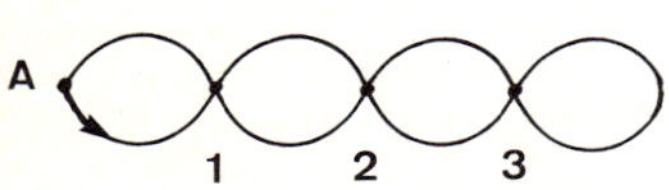


b)
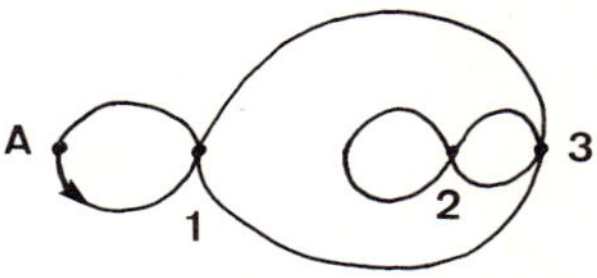

c)

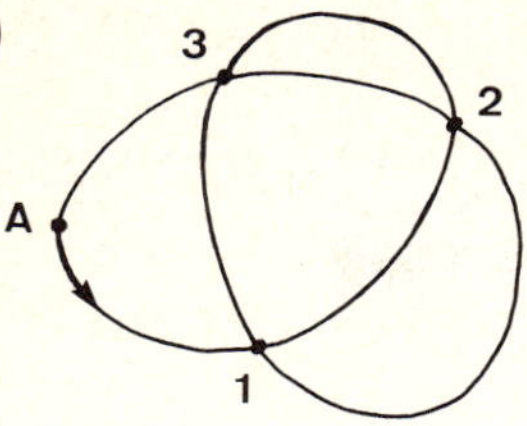


d)

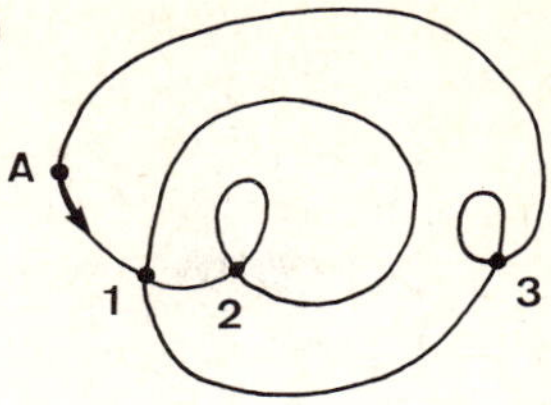


**Aufgabe 4:**
Welche Zahlenrhythmen gehören zu diesen Abbildungen?

**Aufgabe 5:**
Zeichne Gleisanlagen zu
**a)** 1 1 2 2 3 3 **b)** 1 2 3 3 1 2
Welcher Zyklus ist nicht möglich?

**Aufgabe 6:**
Überprüfe an den bisher behandelten Beispielen, daß folgender Satz gilt: Zwischen zweimaligem Durchlauf derselben Kreuzung muß immer eine gerade Anzahl anderer Kreuzungen liegen.

**Aufgabe 7:**
Welche Gleisanlagen müssen sich zeichnen lassen:
**a)** 1 1 2 2 3 3 4 4 **b)** 1 2 2 1 3 4 4 3
**c)** 1 2 3 4 4 3 2 1 **d)** 1 2 3 4 1 2 3 4
Zeichne Sie!

## 7 Eulerscher Satz

### A Eulerscher Polyedersatz

**I**

a) Ab 7. Schuljahr

b) Kenntnisse von elementaren Körpern

c) Körper, die von ebenen Flächen begrenzt werden, heißen Polyeder. So sind z.B. Quader und Pyramide Polyeder. Die Polyeder kann man in konvexe und nicht konvexe einteilen. Ein Polyeder heißt konvex, wenn die Verbindungsstrecke von zwei beliebigen seiner Punkte stets nur Punkte des Körpers enthält.

Beispiel:

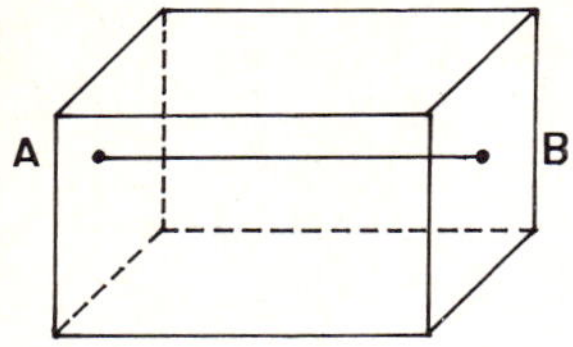


konvex

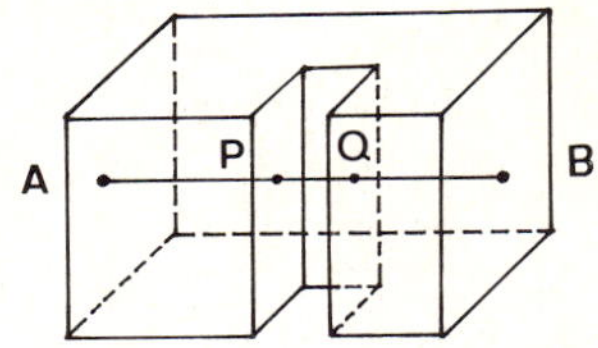


Die Strecke $\overline{PQ}$ gehört nicht dem Körper an: nicht konvex

Konvexe Polyeder heißen Eulersche Polyeder. Für sie gilt der Eulersche Polyedersatz:

$$F+E-K=2.$$

Für nicht konvexe Körper ist dagegen diese Beziehung nicht allgemeingültig. So gilt sie für 3d), aber nicht für 3e) und 3f).

d) Aufgabe 1 dient zur Einführung in die Terminologie. In Aufgabe 2 sollen sich die Schüler mit der Anwendung der Formel $F+E-K=2$ vertraut machen. Schließlich tauchen in Aufgabe 3 komplizierter gebaute Körper auf. Da sie alle aus dem Quader abgeleitet sind, sollten jetzt nicht die Anzahlen für Flächen, Ecken und Kanten ausgezählt werden, sondern aus den bekannten Anzahlen des Quaders erschlossen werden.

Beispiel für b):
Der Quader hat 8 Ecken. Eine wird abgeschnitten, drei kommen durch die Schnittfläche hinzu. Also hat der neue Körper $8-1+3=10$ Ecken usw.

Durch das Auftauchen nicht konvexer Körper soll der Gültigkeitsbereich des Eulerschen Polyedersatzes bewußt gemacht werden. Es können auch Körper betrachtet werden, die keine Polyeder sind:

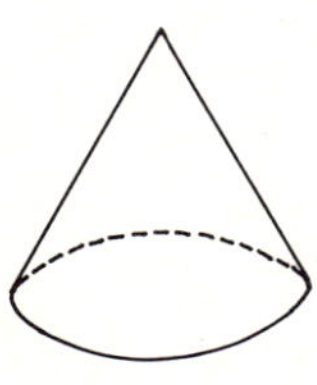

$F=2;\ E=1;\ K=2$

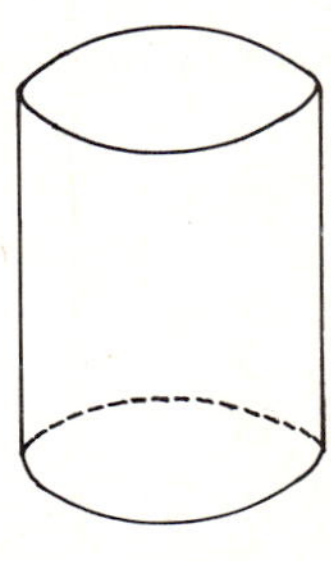

$F=3;\ E=0;\ K=2$

**II**

**Aufgabe 1:**

**a)** Gib von diesem Quader die Anzahl der Ecken (E), die Anzahl der Kanten (K) und die Anzahl der Flächen (F) an.

**b)** Gilt die Beziehung $F+E-K=2$?

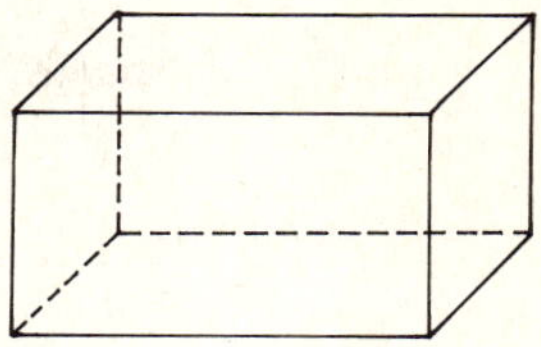

→ Kopiervorlage

**Aufgabe 2:**

Lege eine Tabelle an und überprüfe, ob auch hier der Eulersche Polyedersatz $F+E-K=2$ gilt

**a)**

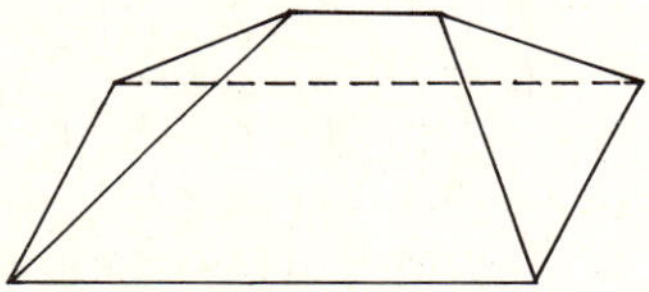

**b)**

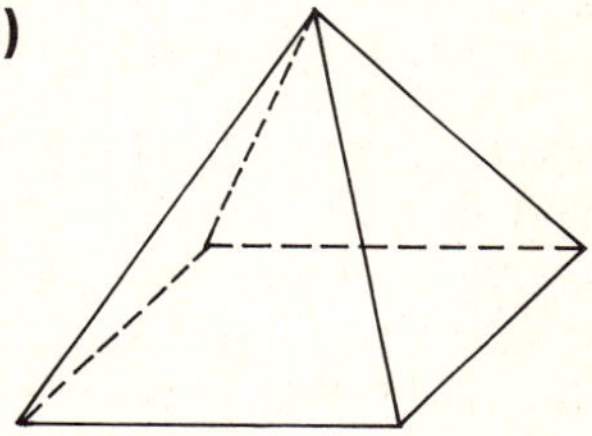

**c)**

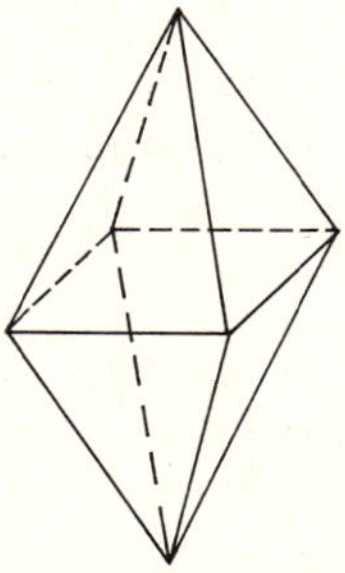

**d)**

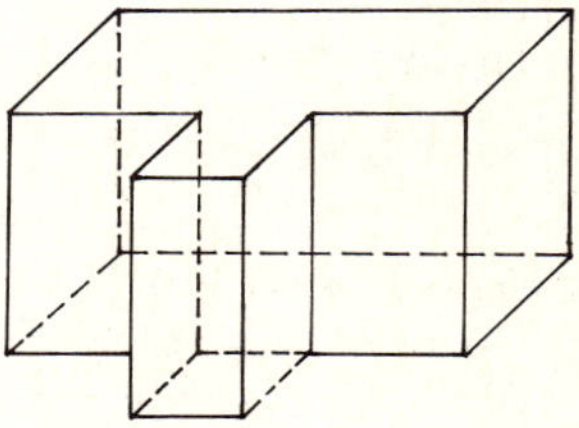

→ Kopiervorlage

| Körper | F | E | K | F+E−K |
|---|---|---|---|---|
| a) | | | | |
| b) | | | | |
| c) | | | | |
| d) | | | | |

**Aufgabe 3:**

Wir verändern den Quader der Aufgabe 1:

**a)**

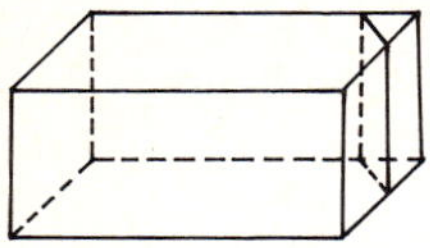

eine Kante wird abgeschnitten

→ Kopiervorlage

**b)**

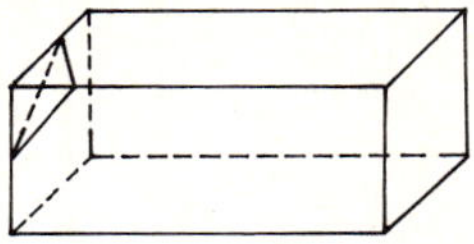

eine Ecke wird abgeschnitten

**c)**

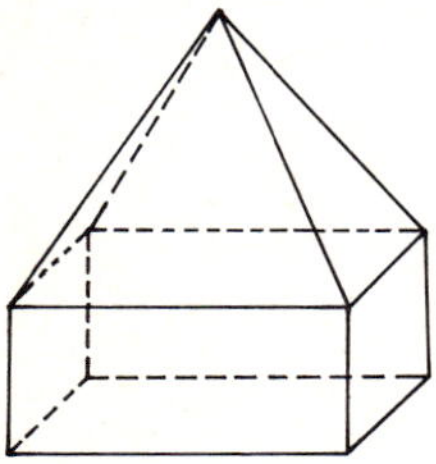

ein Dach aufgesetzt

**d)**

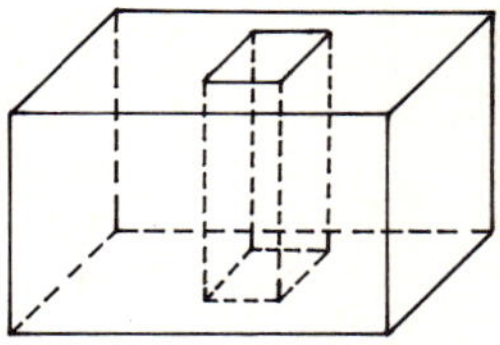

ein Loch gestanzt

**e)**

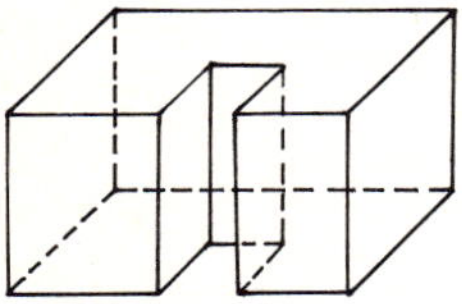

eine Nute gefräst

→ Kopiervorlage

**f)**

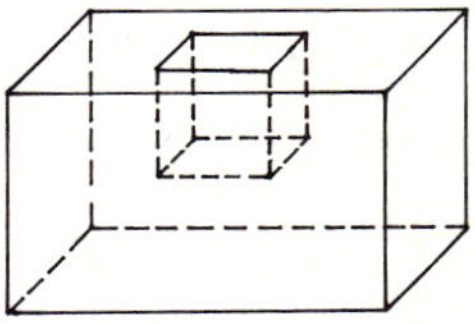

eine Öffnung erzeugt.

Trage in die Tabelle die Anzahlen für F, E und K ein:

| Körper | F | E | K | F+E−K |
|---|---|---|---|---|
| a) | | | | |
| b) | | | | |
| c) | | | | |
| d) | | | | |
| e) | | | | |
| f) | | | | |

Bei welchen Körpern gilt der Polyedersatz nicht?

## B Netze

**I**

a) Ab 7. Schuljahr

b) Keine

c) Stellt man sich ein Eulersches (konvexes) Polyeder als Hohlkörper aus einer Gummihaut vor, entfernt aus dieser Oberfläche eine Begrenzungsfläche und drückt die Restoberfläche in die Ebene, so erhält man ein Netz. In diesem Netz heißen die ursprünglichen Ecken des Körpers Knotenpunkte, die Kanten werden zu Bögen und die Flächen zu Gebieten.

*Beispiel:*

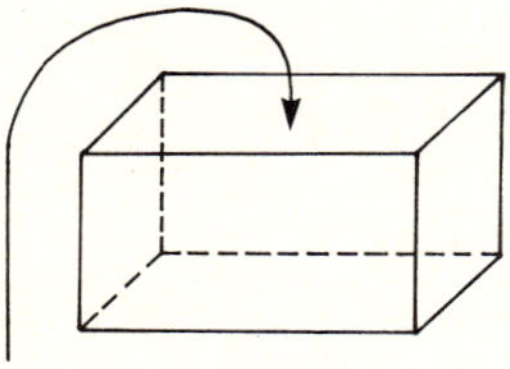

Fläche herausgeschnitten

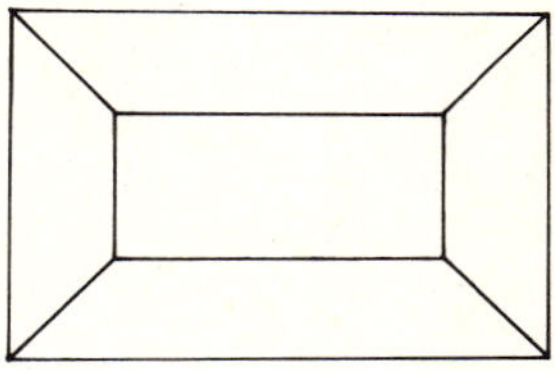

Aus dem Eulerschen Polyedersatz

$$F + E - K = 2$$

wird nun der Eulersche Satz

$$g + k - b = 2,$$

wenn man bei der Anzahl der Gebiete g das Gebiet mitzählt, das außerhalb des Netzes liegt. Dieses Gebiet entspricht dem aus der Gummihaut herausgeschnittenen.
Der Eulersche Satz gilt für alle Netze in der Ebene und auf der Kugel. Dagegen ist er für Netze auf dem Torus nicht allgemeingültig.

d) In Aufgabe 1 wird die Terminologie eingeführt. Man könnte hier auch auf Wanderungen in Netzen (siehe Einheit „Wanderungen Leonhard Eulers") eingehen.
Die Aufgaben 2, 3 und 4 beschäftigen sich mit dem Gültigkeitsbereich des Eulerschen Satzes.
In Aufgabe 5 sollen schließlich Netze entworfen werden. Hier kann der Schüler experimentierend vorgehen.

Für b = 3 gibt es diese 11 Netze:

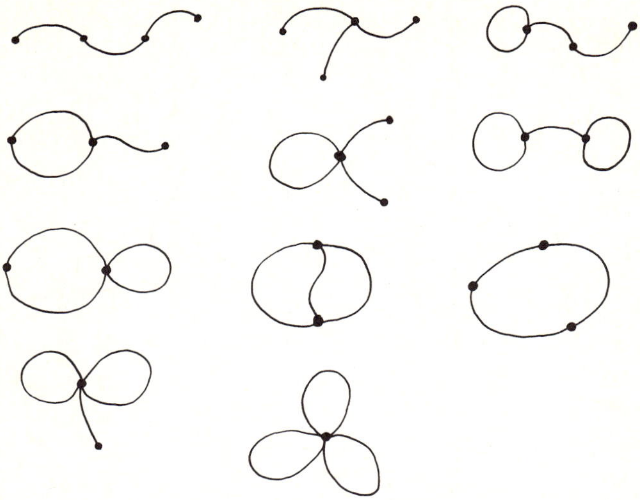

**II**

**Aufgabe 1:**

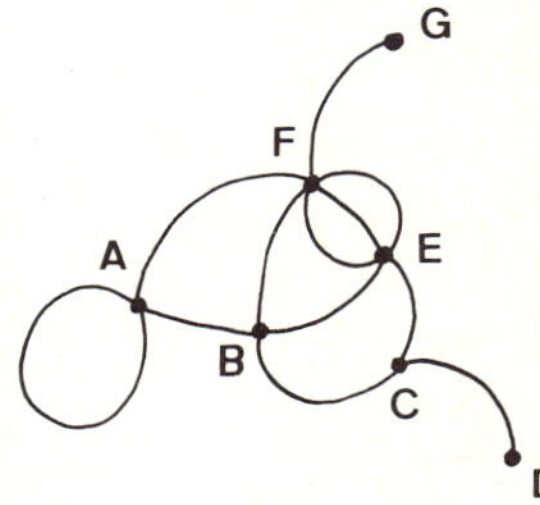


Dies ist ein Netz mit den Knotenpunkten (Verzweigungspunkten) A bis G. Wir bezeichnen die Anzahl der Knotenpunkte mit k, die Anzahl der Bogen mit b und die Anzahl der Gebiete mit g.

**a)** Bestimme g, k und b.
Beachte: Bei der Anzahl der Gebiete muß das Gebiet, das das Netz umgibt, mitgezählt werden.

**b)** Gilt $g + k - b = 2$?

→ Kopiervorlage

**Aufgabe 2:**

Fülle für diese Netze die Tabelle aus und untersuche, ob der Eulersche Satz $g + k - b = 2$ gilt.

**a)**

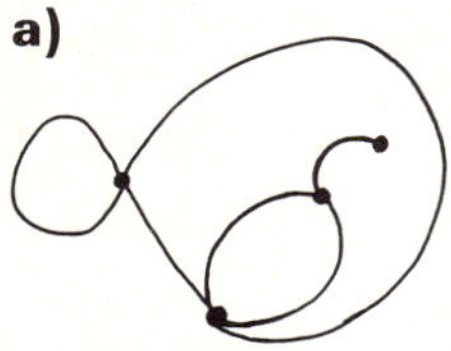

**b)**

**c)**

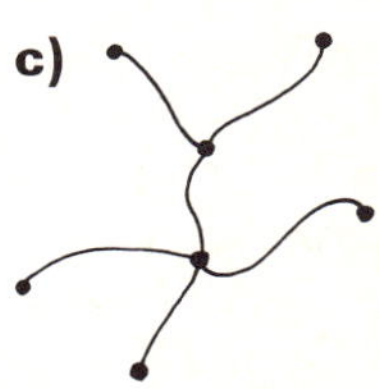

→ Kopiervorlage

| Netz | g | k | b | g+k−b |
|---|---|---|---|---|
| a) | | | | |
| b) | | | | |
| c) | | | | |

**Aufgabe 3:**

Diese Netze befinden sich auf einer Kugel:

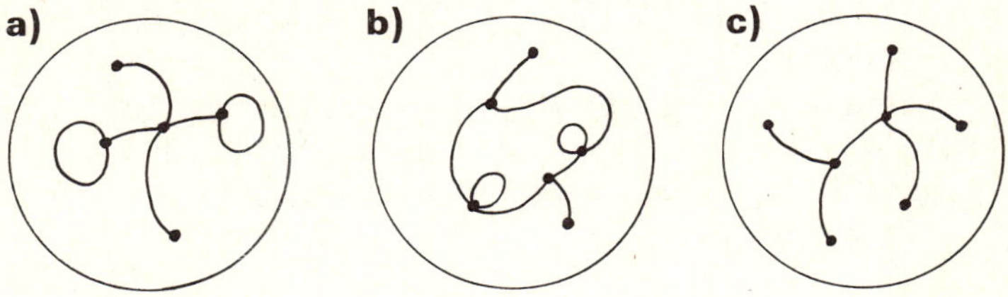


→ Kopiervorlage

Fülle auch hier die Tabelle aus. Gilt der Eulersche Satz?

| Netz | g | k | b | g+k−b |
|---|---|---|---|---|
| a) | | | | |
| b) | | | | |
| c) | | | | |

**Aufgabe 4:**

Jetzt sind die Netze auf einem Ringkörper (Torus) angeordnet. Gilt auch hier der Eulersche Satz?

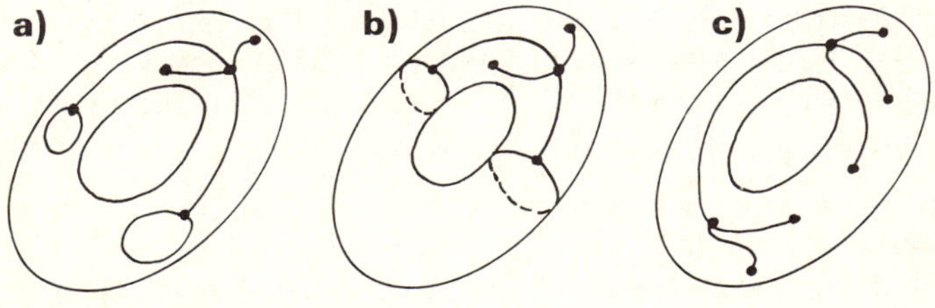


→ Kopiervorlage

| Netz | g | k | b | g+k−b |
|---|---|---|---|---|
| a) | | | | |
| b) | | | | |
| c) | | | | |

**Aufgabe 5:**

Hier sollen Netze entworfen werden. Dabei wird die Anzahl der Bogen b vorgegeben.

**a)** b=2

Gibt es mehr als diese 2? Überprüfe auch den Eulerschen Satz.
Bedenke, bei g muß das Außengebiet mitgezählt werden.

**b)** b=3
Entwirf möglichst viele Netze. Überprüfe jeweils den Eulerschen Satz.

## 8 Wanderungen um Vielecke

| I |
|---|

a) Ab 7. Schuljahr

b) keine

c) Es geht hier um die Winkelsummen der Innenwinkel konvexer ebener n-Ecke. Mit Hilfe eines Richtungspfeils wird die Drehbewegung gekennzeichnet, die man ausführt, wenn man ein n-Eck umläuft. Aus dieser Gesamtbewegung ergibt sich die Summe aller Außenwinkel. Über die Beziehung Innenwinkel-Außenwinkel leitet man dann die Winkelsummen der Innenwinkel ab.

d) Die Winkelsumme der Innenwinkel eines Dreiecks ergibt sich hier als Sonderfall allgemeiner Betrachtungen am n-Eck. Den Schülern sollte verdeutlicht werden, daß die Summe der Außenwinkel für alle konvexen n-Ecke konstant ist, während die Summe der Innenwinkel von der Eckenzahl abhängig ist.
Diese Unterrichtseinheit kann auch als Vorbereitung für die Einheit „Von Parketten zu Platonischen Körpern" dienen.

**II**

Jemand trägt einen Pfeil so vor sich her, daß er immer in Richtung der Seiten eines in der Ebene liegenden Dreiecks zeigt.

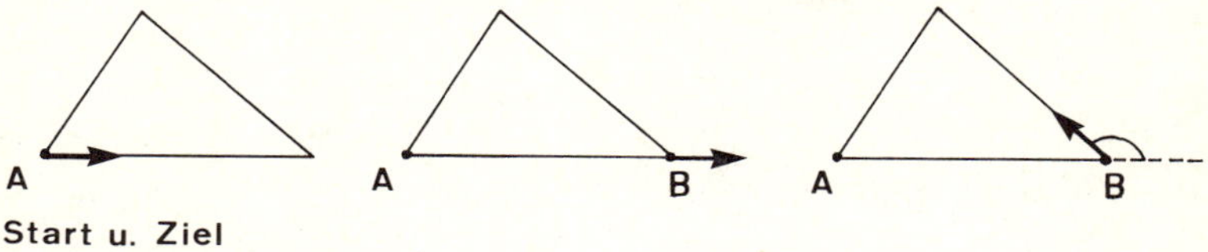


An den Eckpunkten wird der Pfeil wieder in Richtung der nächsten Seite gedreht. Der Rundgang ist beendet, sobald der Pfeil wieder wie beim Start liegt.

*Ergebnisse:*

a) Die Drehbewegungen des Pfeils kennzeichnen die Größe von Außenwinkeln.

b) Die Winkelsumme von Außenwinkel und anliegendem Innenwinkel beträgt jeweils 180°.

c) Der Pfeil hat auf seinem Weg eine volle Drehung von 360° ausgeführt. Mithin beträgt die Summe aller Außenwinkel eines Dreiecks 360°.

**Aufgabe 1:**

Überprüfe, ob diese Ergebnisse auch für beliebige (konvexe) Vier-, Fünf- und Sechsecke gelten.

Folgerung: Bestimmen der Summe der Innenwinkel eines Dreiecks:

| | |
|---|---|
| 3 mal (Außenwinkel plus Innenwinkel) | $3 \cdot 180°$ |
| $-$3 mal Außenwinkel $= 360°$ | $2 \cdot 180°$ |
| Summe der Innenwinkel | $1 \cdot 180° = 180°$ |

**Aufgabe 2:**

Entsprechende Rechnungen für 4-, 5- und 6-Eck durchführen.

Verallgemeinerung für allgemeines (konvexes), in der Ebene liegendes n-Eck:

| | |
|---|---|
| n mal (Außenwinkel plus Innenwinkel) | $n \cdot 180°$ |
| $-$n mal Außenwinkel $= 360°$ | $2 \cdot 180°$ |
| Summe der Innenwinkel | $(n-2) \cdot 180°$ |

**Aufgabe 3:**

Mit Hilfe der Formel die Ergebnisse von Aufgabe 2 überprüfen.

## 9 Von Parketten zu Platonischen Körpern

**I**

a) Ab 7. Schuljahr

b) Winkelsumme der Innenwinkel im Dreieck.

c) Die hier notwendigen Betrachtungen von Winkelbeziehungen sind alle mathematisch elementar. Mit Hilfe von Tabellen lassen sich jeweils alle Fälle systematisch erfassen. Bei den Platonischen Körpern wird auf diese Weise deutlich, daß es höchstens 5 dieser Körper geben kann. Die tatsächliche Existenz der Körper wird nachgewiesen, indem man die Körper herstellt.

d) Diese Unterrichtseinheit spannt einen Bogen von Winkelbetrachtungen im n-Eck über Flächenauslegung (Parkette) bis hin zu den Platonischen Körpern. Sie ermöglicht dem Schüler auf diese Weise, vielfältige eigene Untersuchungen und Überlegungen anzustellen. Das Anlegen und Auswerten von tabellarischen Übersichten steht im Mittelpunkt mathematischer Aktivitäten. Sie werden ergänzt durch Zeichnungen und durch das Herstellen von Körpern.

Hier die wichtigsten Netze:

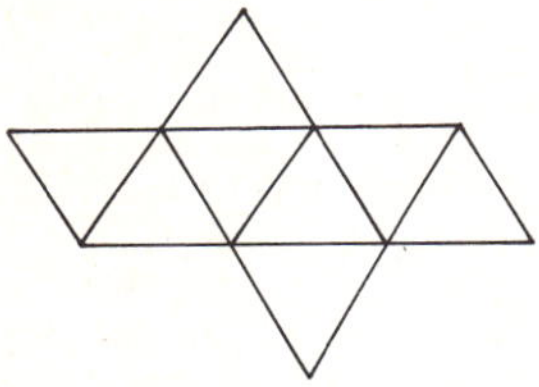

Oktaeder

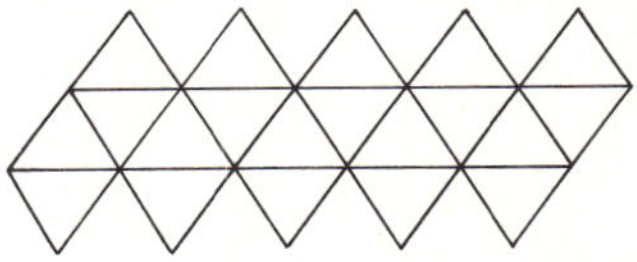

Ikosaeder

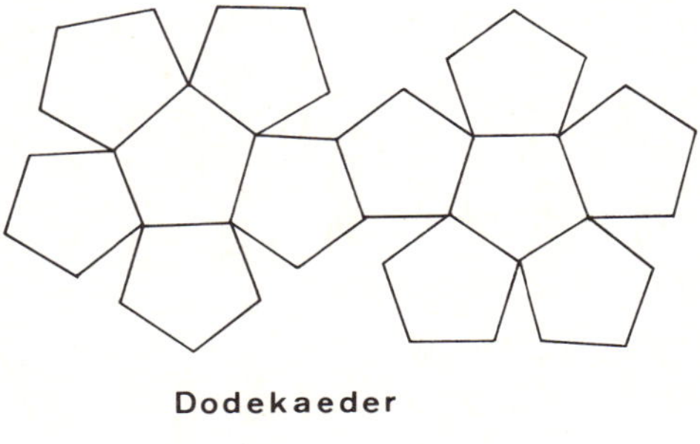

Dodekaeder

→ Kopiervorlage

**II**

## 1. Winkel im regelmäßigen n-Eck

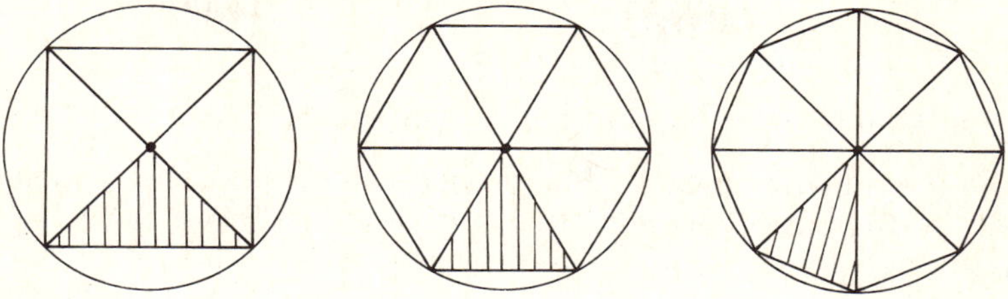

→ Kopiervorlage

Um einen Punkt, der gleichzeitig Mittelpunkt des Umkreises ist, sind gleichschenklige Dreiecke angeordnet.

**Aufgabe 1:**

**a)** Wie groß muß der Winkel an der Spitze eines solchen Bestimmungsdreiecks sein, damit sich ein n-Eck bilden läßt?

$$\frac{360°}{n} = \frac{1}{n} \cdot 360°$$

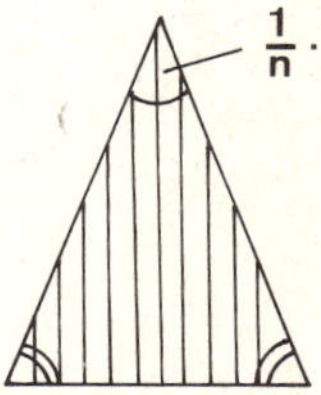


**b)** Wie groß ist dann die Summe der Basiswinkel?

$$180° - \frac{1}{n} \cdot 360° = \frac{1}{2} \cdot 360° - \frac{1}{n} \cdot 360$$
$$= \left(\frac{1}{2} - \frac{1}{n}\right) \cdot 360°$$

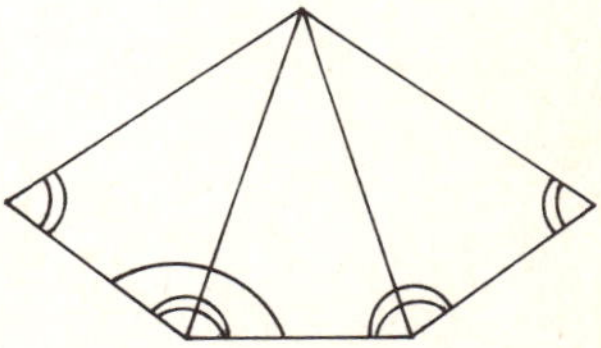

Baut man aus den Bestimmungsdreiecken ein n-Eck auf, so wird deutlich, daß der Innenwinkel des n-Ecks gleich der Summe der Basiswinkel des Dreiecks ist.

$$\left(\frac{1}{2} - \frac{1}{n}\right) \cdot 360°$$

**Aufgabe 2:**

Prüfe diese Formel am regelmäßigen Viereck (Quadrat), Sechseck und Achteck nach.

## 2. Parkette

Im Anschluß an Aufgabe 1 und 2 sollen jetzt die Innenwinkel der n-Ecke systematisch untersucht werden. Das geschieht in einer Tabelle, in der die Innenwinkel nicht nur ausgerechnet werden, sondern auch als Vielfache von 360° notiert werden sollen.

**Aufgabe 3:**

Fülle diese Tabelle bis n = 10 aus.

| n-Eck | Innenwinkel $\left(\frac{1}{2} - \frac{1}{n}\right) \cdot 360°$ | Größe des Innenwinkels |
|---|---|---|
| 3 | $\left(\frac{1}{2} - \frac{1}{3}\right) \cdot 360° = \frac{1}{6} \cdot 360°$ | 60° |
| 4 | | |
| . | | |
| . | | |
| . | | |
| 10 | | |

Wir stellen uns jetzt die Aufgabe: Die Ebene soll lückenlos mit kongruenten regelmäßigen Vielecken so ausgelegt werden, daß sich um eine Ecke eines Vielecks jeweils gleichviele Vielecke gruppieren. Aus der mittleren Spalte der obigen Tabelle folgt, daß man um jeden Eckpunkt 6 Dreiecke anordnen kann, so daß keine Lücke entsteht: $6 \cdot \frac{1}{6} \cdot 360° = 360°$. Das führt zu folgendem Parkettmuster:

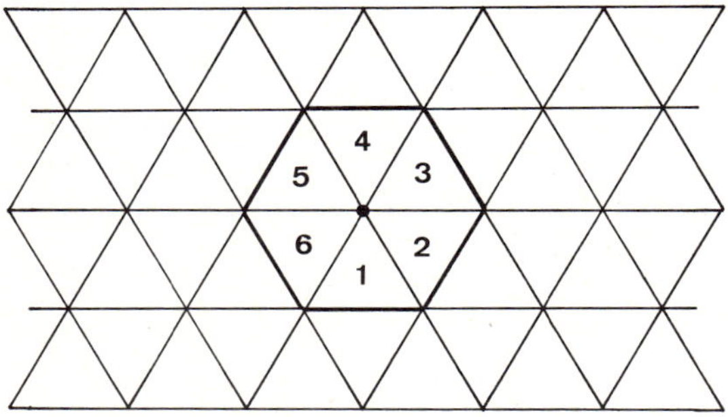


**Aufgabe 4:**

Ist ein Parkettmuster möglich, das aus regelmäßigen Vierecken (Quadraten) gebildet wird?
Zeichne das Parkett.

Aus Fünfecken läßt sich offenbar kein Parkett herstellen, denn

3 Fünfecke um einen Punkt ergeben als Gesamtwinkel: $3 \cdot \left(\frac{3}{10} \cdot 360°\right) = \frac{9}{10} \cdot 360°$

4 Fünfecke um einen
Punkt erzeugen dagegen: $4 \cdot \left(\frac{3}{10} \cdot 360°\right) = \frac{12}{10} \cdot 360°$

Im ersten Falle wird die Ebene nicht vollständig ausgelegt, $\frac{1}{10} \cdot 360°$ fehlen. Im zweiten Falle überlappen sich die Figuren, denn es sind $\frac{2}{10} \cdot 360°$ zuviel.

**Aufgabe 5:**

**a)** Überprüfe, ob Parkette mit Sechsecken möglich sind. Zeichne!

**b)** Wie verhält es sich mit Siebenecken?

**c)** Warum braucht man es mit n-Ecken ($n > 7$) nicht mehr zu versuchen?

## 3. Platonische Körper

Ausgangspunkt ist wieder die Tabelle zur Aufgabe 1 des letzten Abschnitts. Wir wissen, daß sich 6 Dreiecke um einen Punkt lückenlos zusammenlegen lassen. Mit weniger als 6 geht es dagegen nicht. Wir legen 3 Dreiecke und versuchen, die Lücke trotzdem zu schließen:

**Aufgabe 6:**

Ausschneiden, falten und kleben eines solchen Netzes.

*Ergebnis:*
Es entsteht eine räumliche Ecke. Klebt man in die Ecke noch ein kongruentes Dreieck hinein, entsteht ein Körper (Tetraeder).

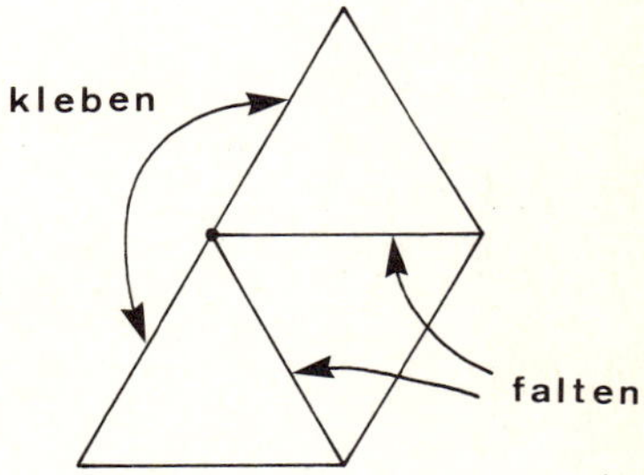


Allgemein gilt offenbar: Ergeben die in einem Punkt der Ebene zusammengelegten Vielecke mit ihrem Innenwinkel einen Gesamtwinkel, der kleiner als 360° beträgt, so kann man daraus eine räumliche Ecke herstellen.
Um einen Überblick zu gewinnen, welche Möglichkeiten es gibt, solche Ecken herzustellen, kann man eine Tabelle anlegen.

**Aufgabe 7:**

Vervollständigen dieser Tabelle unter Berücksichtigung der Tabelle des letzten Abschnittes (Parkette).

| Anzahl und Art der verwendeten Flächen | Entstehender Gesamtwinkel |
|---|---|
| 3 △ | $3\left(\frac{1}{6}\cdot 360^\circ\right) = \frac{1}{2}\cdot 360^\circ < 360^\circ$ |
| 4 △ | |
| ....... | ........ |

Ergebnis: Es gibt 5 Möglichkeiten.

Alle 5 möglichen räumlichen Ecken lassen sich zu Körpern ergänzen. Sie heißen platonische Körper. Die folgende Tabelle beschreibt die Körper:

| Art der Flächen | Anzahl der Flächen, die eine Ecke bilden | Anzahl der Flächen des Körpers | Name des Körpers |
|---|---|---|---|
| △ | 3 | 4 | Tetraeder |
| △ | 4 | 8 | Oktaeder |
| △ | 5 | 20 | Ikosaeder |
| □ | 3 | 6 | Würfel |
| ⬠ | 3 | 12 | Dodekaeder |

**Aufgabe 8:**

Herstellen der platonischen Körper.

# Aus der Zahlentheorie

## 10 Teilbarkeit

| I |
|---|

a) Ab Klasse 7

b) Teilbarkeit

c) Bei den Rechenregeln zur Teilbarkeit unterscheidet man sogenannte Endstellenregeln von den sog. Quersummenregeln.
Endstellenregeln gelten für die Teilbarkeit durch 2, 4, 5 und 8. Beispielsweise kann man sich beim Nachweis der Teilbarkeit durch 4 auf die Untersuchung der letzten beiden Stellen beschränken, da ja die drittletzte Stelle schon die Hunderter angibt und 100 und seine Vielfachen ohnehin durch 4 teilbar sind. Entsprechend verfährt man bei 8 mit den letzten drei Ziffern.
Die Regel für die Teilbarkeit durch 5 ist trivial, da im Einmaleins der 5 als Endziffern nur 0 und 5 vorkommen.
Die Regel für die Teilbarkeit durch 6 ist eine Kombination der ersten beiden.
Bei den Quersummenregeln, die bei der Teilbarkeit durch 3 und 9 Anwendung finden, spielt die Betrachtung von Divisionsresten eine Rolle. Teilt man nämlich 10, 100, 1000, ... durch 3 oder 9, so bleibt immer der Rest 1, da ja 9, 99, 999, ... durch 3 bzw. 9 teilbar sind. Entsprechend bleibt beim Teilen von 20, 200, 2000, ... durch 3 oder 9 der Rest 2 und bei 50, 500, 5000, ... der Rest 5. Man kann also die Ziffern einer Zahl auch als Reste auffassen, die beim Dividieren durch 3 oder 9 entstehen. Nur wenn dann die Summe dieser Reste durch 3 bzw. 9 teilbar ist, kann also auch die Zahl selbst ohne Rest teilbar sein.

d) Diese Übungen zur Teilbarkeit eignen sich sehr gut zum Trainieren des Kopfrechnens. Lehrer oder Schüler bilden Zahlen, über deren Teilbarkeit mit ja oder nein entschieden wird.
Andererseits kann man Schüler Zahlen bilden lassen, die durch ein gewisses n teilbar sein sollen, oder eine Zahl vorgeben, zu der die Zahl gesucht werden soll, die durch n teilbar ist und am dichtesten bei der vorgegebenen Zahl liegt.

**II**

Fragestellung: Wann ist eine natürliche Zahl durch n teilbar?

n = 2: Die Zahl muß gerade sein, d.h. die letzte Ziffer muß durch 2 teilbar sein.
Beispiele: 4, 18, 256, 117596870

n = 4: Die Zahl, die durch die beiden letzten Ziffern gebildet wird, muß durch 4 teilbar sein.
Beispiele: 224, 368, 1132, 19860
aber: 926, 2742, 5398 sind nicht durch 4 teilbar.

n = 8: Die Zahl, die durch die drei letzten Ziffern gebildet wird, muß durch 8 teilbar sein.
Beispiele: 3064, 1112, 10200, 57128
aber: 2108, 3564, 19422 sind nicht durch 8 teilbar.

n = 3: Die Quersumme muß durch 3 teilbar sein.

| | Zahl | Quersumme |
|---|---|---|
| z.B. | 114 | 6 |
| | 276 | 15 |
| | 3522 | 12 |
| | 7815 | 21 |
| aber | 512 | 8 |
| | 1003 | 4 |
| | 6793 | 25 |

n = 9: Die Quersumme muß durch 9 teilbar sein.

| | Zahl | Quersumme |
|---|---|---|
| z.B. | 126 | 9 |
| | 378 | 18 |
| | 4689 | 27 |
| aber | 699 | 24 |
| | 2639 | 20 |

n = 5: Die Zahl muß als letzte Ziffer eine 5 oder eine 0 besitzen.
z.B. 95, 310, 5715, 10930

n = 6: Die Zahl muß durch 2 und durch 3 teilbar sein, d.h. sie muß gerade und ihre Quersumme durch 3 teilbar sein.
z.B. 468, 732, 1158
aber 1185, 2524 sind nicht durch 6 teilbar.

n = 7: Es gibt keine leicht anwendbaren Regeln.

## 11 Periodische Dezimalbrüche

I

a) Ab Klasse 7

b) Periodenschreibweise

c) In einem gekürzten Bruch $\frac{a}{b}$ kann man anhand der Primfaktorzerlegung des Nenners b ablesen, ob sich ein abbrechender, reinperiodischer oder gemischtperiodischer Dezimalbruch ergibt.
Die Länge der Periode einer reinperiodischen Dezimalzahl ist immer ein Teiler von $\varphi(b)$ (EULERsche $\varphi$-Funktion gibt die Anzahl der zu b teilerfremden Reste an).
Dies ist insbesondere bei Primzahlen der Fall, wobei $\varphi(p) = p - 1$ ist. Um das Abstraktionsvermögen der Schüler nicht zu überfordern, wird auf das Eingehen auf die $\varphi$-Funktion verzichtet.

d) Es ist nicht unbedingt notwendig, sich mit der Einteilung der Dezimalbrüche in die drei Gruppen ausführlich zu beschäftigen. Den Schülern sollte jedoch klar werden, daß die Beschränkung auf primzahlige Nenner nur deshalb geschieht, um den Schwierigkeitsgrad auf ein vernünftiges Maß zu reduzieren.
Selbstverständlich kann man entsprechende Aussagen über die Periodenlänge auch bei allen anderen Brüchen machen. Das erfordert jedoch einen erheblichen theoretischen Überbau ($\varphi$-Funktion).
Im Vordergrund bei der Bearbeitung dieser Einheit soll das Rechentraining und der Umgang mit Brüchen stehen.

II

Es ist möglich, jeden Bruch durch Division in den zugehörigen Dezimalbruch zu verwandeln.

*Beispiele:*

$\frac{3}{4} = 3:4 = 0{,}75$ $\qquad$ $\frac{1}{3} = 1:3 = 0{,}\overline{3}$ $\qquad$ $\frac{1}{6} = 1:6 = 0{,}1\overline{6}$

Dabei treten drei Arten von Dezimalbrüchen auf, abbrechende (z. B. 0,75), reinperiodische (z. B. $0{,}\overline{3}$) und gemischtperiodische (z. B. $0{,}1\overline{6}$). Welche Art von Dezimalbruch vorliegt, ist bei einem gekürzten Bruch anhand der Primfaktorzerlegung seines Nenners zu ersehen:

1. Fall:
Enthält der Nenner nur die Primfaktoren 2 oder 5, so ist der zugehörige Dezimalbruch abbrechend.
$\left(\text{z. B. } \frac{1}{2}, \frac{3}{10}, \frac{7}{20}, \frac{19}{125}\right)$

2. Fall:
Enthält der Nenner nur Primfaktoren ohne 2 oder 5, so ist der Dezimalbruch reinperiodisch.
$\left(\text{z. B. } \frac{1}{7}, \frac{2}{9}, \frac{5}{11}, \frac{8}{39}\right)$

3. Fall:
Enthält der Nenner neben 2 oder 5 noch mindestens einen weiteren Primfaktor, so ist der Dezimalbruch gemischtperiodisch.
$\left(\text{z. B. } \frac{5}{12}, \frac{1}{30}, \frac{7}{18}\right)$

**Aufgabe 1:**
Suche Brüche mit verschiedenen Dezimalbrucharten.

Wir wollen uns im folgenden nur mit Brüchen beschäftigen, deren Nenner Primzahlen sind. Insbesondere sind die Primzahlen 2 und 5 ausgeschlossen, womit klar ist, daß die zugehörigen Dezimalbrüche reinperiodisch sind.

**Aufgabe 2:**
Gib den Dezimalbruch von $\frac{1}{13}$ und $\frac{2}{13}$ an.

*Lösung:*

$1 : 13 = 0,\overline{076923}$
10
100
91
90
78
120
117
30
26
40
39
1

$2 : 13 = 0,\overline{153846}$
20
13
70
65
50
39
110
104
60
52
80
78
2

**Aufgabe 3:**

Gib den Dezimalbruch von $\frac{3}{13}$ und $\frac{5}{13}$ an.

*Lösung:*

$3 : 13 = 0,\overline{230769}$ $\qquad$ $5 : 13 = 0,\overline{384615}$

Es ist auffällig, daß in der Periode von $\frac{3}{13}$ die gleichen Ziffern in der gleichen Reihenfolge wie bei $\frac{1}{13}$ auftauchen. Entsprechendes gilt für $\frac{2}{13}$ und $\frac{5}{13}$.

Zur Begründung des beobachteten Phänomens betrachten wir die bei der Division entstehenden Reste. Es sind dies

bei 1 : 13 $\quad$ 10, 9, 12, 3, 4, 1 $\quad$ und
bei 3 : 13 $\quad$ 4, 1, 10, 9, 12, 3 $\quad$ sowie
bei 2 : 13 $\quad$ 7, 5, 11, 6, 8, 2 $\quad$ und
bei 5 : 13 $\quad$ 11, 6, 8, 2, 7, 5.

Da bei $\frac{1}{13}$ und $\frac{3}{13}$ die gleichen Divisionsreste auftreten, müssen also auch in der Periode die gleichen Ziffern stehen und zwar in derselben Reihenfolge. Der einzige Unterschied besteht darin, daß die Ziffern zyklisch vertauscht sind, das bedeutet, daß die Periode an einer anderen Stelle dieser Folge von Zahlen beginnt. Gleiches gilt für $\frac{2}{13}$ und $\frac{5}{13}$.

Weiter können wir feststellen, daß bei der Division durch 13 überhaupt nur 12 verschiedene Reste auftreten können, nämlich 1, 2, 3, 4, ..., 11, 12. Der Rest 0 würde ja ein Ende des Divisionsalgorithmus bedeuten, der Zähler des Bruches wäre ein Vielfaches des Nenners und der Bruch folglich kürzbar.

Von den 12 Resten kommen jeweils genau 6 bei $\frac{1}{13}$ und $\frac{3}{13}$ bzw. bei $\frac{2}{13}$ und $\frac{5}{13}$ vor. Aber Reste, die bei $\frac{1}{13}$ auftreten, kommen nicht bei $\frac{2}{13}$ vor. Wir haben es offensichtlich mit zwei Zyklen von Resten zu tun, die die Brüche mit dem Nenner 13 in zwei Gruppen aufteilen. Alle Brüche in der jeweiligen Gruppe haben in ihrer Periode die gleiche Ziffernfolge.

**Aufgabe 4:**

Untersuche, in welche der beiden Gruppen die Brüche $\frac{4}{13}$, $\frac{9}{13}$ und $\frac{8}{13}$ gehören.

*Lösung:*

$\frac{4}{13}$ und $\frac{9}{13}$ zu $\frac{1}{13}$, $\frac{8}{13}$ zu $\frac{2}{13}$.

**Aufgabe 5:**

Stelle fest, welche Zyklen von Divisionsresten bei Brüchen mit dem Nenner 41 auftreten.

*Lösung:*

Es gibt 8 Zyklen mit jeweils 5 Resten, nämlich

$\frac{1}{41}$: 10, 18, 16, 37, 1

$\frac{2}{41}$: 20, 36, 32, 33, 2

$\frac{3}{41}$: 30, 13, 7, 29, 3

$\frac{4}{41}$: 40, 31, 23, 25, 4

$\frac{5}{41}$: 9, 8, 39, 21, 5

$\frac{6}{41}$: 19, 26, 14, 17, 6

$\frac{11}{41}$: 28, 34, 12, 38, 11

$\frac{15}{41}$: 27, 24, 35, 22, 15

Aus der Anzahl der auftretenden Reste in einem Zyklus ergibt sich nebenbei auch die Länge der Periode eines Dezimalbruchs.

*Beispiel:* $\frac{1}{13}$: es treten 6 verschiedene Rest auf, folglich ist die Periodenlänge 6.

**Aufgabe 6:**

Begründe: Bei einem Bruch der Form $\frac{1}{p}$ mit einer von 2 und 5 verschiedenen Primzahl p kann die Länge der Periode höchstens $p-1$ Stellen betragen.

*Lösung:*

Es gibt ja auch nur $p-1$ verschiedene Divisionsreste und jeder Rest erzeugt eine Stelle in der Periode. Im Extremfall gibt es nur einen Zyklus, in dem dann jeder Rest einmal vorkommt.

Die obige Aussage kann auch noch auf Brüche der Form $\frac{a}{p}$ ausgedehnt werden, bei denen a eine zu p teilerfremde natürliche Zahl ist.

**Aufgabe 7:**

Gib die Dezimalbruchdarstellung für $\frac{1}{7}$ und $\frac{1}{17}$ an.

*Lösung:*
$1 : 7 = 0,\overline{142857}$;
$1 : 17 = 0,\overline{0588235294117647}$

**Aufgabe 8:**

Begründe: Bei einem Bruch der Form $\frac{1}{p}$ mit einer von 2 und 5 verschiedenen Primzahl p ist die Anzahl der Stellen in der Periode ein Teiler von $p-1$.

*Lösung:*
Wie wir gesehen haben, gibt es Zyklen von Divisionsresten, in denen immer unterschiedliche Reste vorkommen. Da jeder mögliche Rest in irgendeinem Zyklus genau einmal auftaucht, ist die Länge der Periode gleich dem Quotienten aus der Anzahl der möglichen Reste $(p-1)$ und der Anzahl der Zyklen.
Auch diese Aussage gilt für die oben beschriebenen Brüche der Form $\frac{a}{p}$.

## 12 Kettenbrüche

| I |
|---|

a) Ab Klasse 7: Kettenbrüche bei rationalen Zahlen
Ab Klasse 9: Kettenbrüche bei irrationalen Zahlen

b) 1. Teil: Begriff der rationalen Zahlen wünschenswert
2. Teil: irrationale Zahlen

c) Die Theorie der Kettenbrüche ist ein wichtiges Kapitel im Bereich der Zahlentheorie. Man kann beweisen, daß sich jede rationale Zahl in einen abbrechenden, jede irrationale Zahl in einen unendlichen Kettenbruch schrittweise umwandeln läßt. Dabei kann man anhand ihrer Kettenbruchentwicklung die irrationalen Zahlen sogar noch unterteilen in die algebraischen Irrationalzahlen (z. B. $\sqrt{2}$, $\sqrt{3}$, usw.) und die transzendenten Irrationalzahlen (z. B. $\pi$, e, sin 1, ...). Darüber hinaus ist es möglich, mit Hilfe von Kettenbrüchen Näherungsbrüche für irrationale Zahlen zu errechnen, deren Zähler und

Nenner natürliche Zahlen sind, und die dem Wert der betreffenden Irrationalzahl sehr nahe kommen. So sind beispielsweise Näherungsbrüche für $\sqrt{2}$:

$\frac{3}{2}, \frac{7}{5}, \frac{17}{12}, \frac{41}{29}, \frac{99}{70}$ und für $\pi$: $\frac{22}{7}, \frac{333}{106}, \frac{355}{113}$.

Mit solchen Näherungsbrüchen war es auch schon weit vor der Erfindung von Taschenrechnern und ähnlichen Rechenhilfen möglich, sehr genau mit Irrationalzahlen zu rechnen.

d) Neben dem oben erwähnten mathematikhistorischen Aspekt bieten die Kettenbrüche eine gute Gelegenheit, Bruchrechnung zu üben.

# II

## 1. Kettenbrüche bei rationalen Zahlen

Eine besondere Art von Brüchen sind die sogenannten Kettenbrüche, z. B.

$$1+\cfrac{1}{2+\cfrac{1}{3+\cfrac{1}{4}}}$$

Dabei handelt es sich um ineinandergeschachtelte Mehrfachbrüche, bei denen die Nenner immer wieder aus der Summe einer natürlichen Zahl mit einem Bruch bestehen.
Solch ein Kettenbruch läßt sich auch wieder in einen „echten“ Bruch verwandeln. Dabei beginnt man mit der letzten Summe, also

$$3+\frac{1}{4}=\frac{13}{4}.$$

Folglich ist

$$1+\cfrac{1}{2+\cfrac{1}{3+\cfrac{1}{4}}}=1+\cfrac{1}{2+\cfrac{1}{\frac{13}{4}}}=1+\cfrac{1}{2+\cfrac{4}{13}}$$

Rechnet man jetzt $2+\frac{4}{13}=\frac{30}{13}$, so ergibt sich

$$1+\cfrac{1}{2+\cfrac{4}{13}}=1+\cfrac{1}{\frac{30}{13}}=1+\frac{13}{30}=\frac{43}{30}$$

**Aufgabe 1:**

Verwandle folgende Kettenbrüche in echte Brüche:

**a)** $2+\cfrac{1}{1+\cfrac{1}{2+\cfrac{1}{3}}}$ **b)** $2+\cfrac{1}{3+\cfrac{1}{2+\cfrac{1}{3+\cfrac{1}{2}}}}$

*Lösung:*

a) $\frac{27}{10}$ b) $\frac{126}{55}$

Allgemein kann ein Kettenbruch folgende Form haben:

$$a_0+\cfrac{b_1}{a_1+\cfrac{b_2}{a_2+\cfrac{b_3}{a_3+\cfrac{b_4}{a_4+\dots}}}}$$

Wir wollen uns aber darauf beschränken, daß $b_1=b_2=b_3=\ldots=1$ ist, also unser Kettenbruch die Form

$$a_0+\cfrac{1}{a_1+\cfrac{1}{a_2+\cfrac{1}{a_3+\dots}}}$$

hat.

Dafür kann man dann abkürzend schreiben $[a_0; a_1, a_2, a_3, \ldots]$, also in unserem Beispiel $[1; 2, 3, 4]$.

**Aufgabe 2:**

**a)** Schreibe alle bisher untersuchten Kettenbrüche in der Kurzschreibweise.

**b)** Verwandle in einen Bruch
$[1; 1, 1, 1, 1, 1]$, $[1; 2, 3, 4, 5]$, $[1; 2, 4, 8]$, $[2; 2, 2, 2, 2]$

*Lösung:*

b) $\frac{13}{8}$, $\frac{225}{157}$, $\frac{107}{74}$, $\frac{63}{29}$

Es ist nun natürlich auch möglich, einen gegebenen Bruch in einen Kettenbruch zu verwandeln, z. B.

$$\frac{79}{60}=1+\frac{19}{60}=1+\cfrac{1}{\cfrac{60}{19}}=1+\cfrac{1}{3+\cfrac{3}{19}}=1+\cfrac{1}{3+\cfrac{1}{\cfrac{19}{3}}}=1+\cfrac{1}{3+\cfrac{1}{6+\cfrac{1}{3}}}$$

$$=[1; 3, 6, 3]$$

**Aufgabe 3:**

Verwandle in einen Kettenbruch

**a)** $\frac{62}{13}$ **b)** $\frac{97}{60}$

*Lösung:*

a) [4; 1, 3, 3] b) [1; 1, 1, 1, 1, 1, 1, 4]

**Aufgabe 4:**

Bilde selbst Brüche und verwandle sie in Kettenbrüche. Achte darauf, wann die Kettenbrüche besonders lang, bzw. besonders kurz ausfallen.

## 2. Kettenbrüche bei irrationalen Zahlen

Wie wir gesehen haben, kann man eine rationale Zahl in einen Kettenbruch verwandeln. Dabei gilt, daß der zu einer rationalen Zahl gehörende Kettenbruch endlich ist, daß heißt irgendwann abbricht.
Wir wollen nun eine irrationale Zahl, z.B. $\sqrt{2}$ in einen Kettenbruch verwandeln.

Da $\sqrt{2} > 1$ ist, machen wir den Ansatz $\sqrt{2} = 1 + \frac{1}{a_1}$.

Nach $a_1$ aufgelöst, ergibt sich $a_1 = \frac{1}{\sqrt{2}-1}$.

Wir machen den Nenner rational, indem wir mit $(\sqrt{2}+1)$ erweitern und erhalten

$$a_1 = \frac{\sqrt{2}+1}{(\sqrt{2}-1)(\sqrt{2}+1)} = \frac{\sqrt{2}+1}{2-1} = \sqrt{2}+1\,.$$

Folglich ist

$$\sqrt{2} = 1 + \frac{1}{1+\sqrt{2}}\,.$$

Setzen wir nun diesen Wert für $\sqrt{2}$ im letzten Nenner ein, so erhalten wir

$$\sqrt{2} = 1 + \cfrac{1}{1+1+\cfrac{1}{1+\sqrt{2}}} = 1 + \cfrac{1}{2+\cfrac{1}{1+\sqrt{2}}}\,.$$

Offensichtlich kann man auch hier wieder im letzten Nenner $\sqrt{2}$ durch $1 + \frac{1}{1+\sqrt{2}}$ ersetzen. Dabei wird immer wieder im letzten Nenner die $\sqrt{2}$ auftauchen und somit die Kettenbruchentwicklung nicht enden.
Wir erhalten

$$\sqrt{2} = 1 + \cfrac{1}{2+\cfrac{1}{1+\sqrt{2}}} = 1 + \cfrac{1}{2+\cfrac{1}{2+\cfrac{1}{1+\sqrt{2}}}}$$

$$= 1 + \cfrac{1}{2 + \cfrac{1}{2 + \cfrac{1}{2 + \cfrac{1}{2 + \dots}}}} = [1; 2, 2, 2, \dots].$$

**Aufgabe 5:**

**a)** Gib den Kettenbruch für $\sqrt{3}$ an.
**b)** Wandle $\sqrt{5}$ in einen Kettenbruch um.

*Lösung:*
a) $[1; 1, 2, 1, 2, 1, 2, \dots]$
b) $[2; 4, 4, 4, \dots]$

## 13 Zahlen aus Figuren

| I |
|---|

a) Ab Klasse 7

b) Keine

c) Bei den Dreiecks-, Vierecks-, Fünfecks- u. ä. Zahlen handelt es sich um Folgen natürlicher Zahlen, die nicht nur über eine Bildungsvorschrift, sondern auch anschaulich definiert werden können. Hier kann der Begriff der Zahlenfolge propädeutisch und ohne theoretische Überlegungen erarbeitet werden.
Zum Beweis der Formel (*), der Summe der ersten n natürlichen Zahlen, gibt es auch noch andere, „elegantere" Beweise. Einer davon verläuft wie folgt:
Wir nennen die Summe der ersten n natürlichen Zahlen $S_n$ und schreiben sie zweimal auf:

$$\left.\begin{matrix} S_n = 1 + 2 + 3 + \dots + n-2 + n-1 + n \\ S_n = n + n-1 + n-2 + \dots + 3 + 2 + 1 \end{matrix}\right\} +$$

Wir addieren die beiden Zeilen und erhalten

$$2 \cdot S_n = n+1 + n+1 + n+1 + \dots + n+1 + n+1 + n+1 .$$

Die n Summanden $n+1$ fassen wir zusammen und erhalten

$$2 \cdot S_n = n \cdot (n+1) \qquad S_n = \frac{n \cdot (n+1)}{2} .$$

d) Wie schon erwähnt werden hier Zahlenfolgen auf anschauliche Weise durch geometrische Überlegungen gebildet. Dabei ist die richtige Anordnung der Punkte, wie man bei den Fünfecks- und Sechseckszahlen sehen kann, nicht immer trivial. Gefordert wird hier die Fähigkeit, Strukturen zu erkennen und richtig fortzusetzen. Es kann daher hilfreich sein, Geraden durch die Eckpunkte der Vielecke zu zeichnen, womit angedeutet werden soll, daß die Eckpunkte der nächsten Vielecke auch wieder auf diesen Geraden liegen müssen.

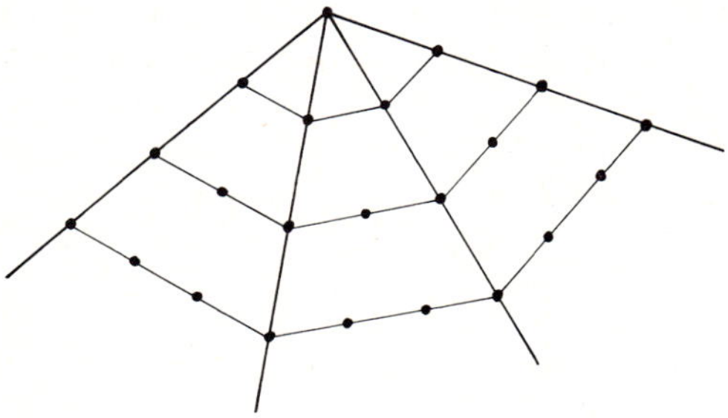

**II**

1. Dreieckszahlen

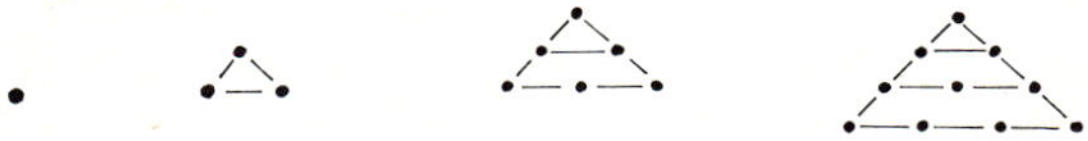

→ Kopiervorlage

Die Punkte sind jeweils in der Form eines Dreiecks angeordnet. Es sind 1, 3, 6, 10 Punkte. Deshalb heißen die Zahlen 1, 3, 6, 10, ... auch Dreieckszahlen.
Man kann Dreieckszahlen auch errechnen:

$$1=1$$
$$1+2=3$$
$$1+2+3=6$$
$$1+2+3+4=10 \quad \text{usw.}$$

**Aufgabe 1:**

**a)** Bilde die nächsten beiden Dreieckszahlen.
$1+2+3+4+5=15$
$1+2+3+4+5+6=21$

**b)** Wie lautet die 10. Dreieckszahl? (55)

Um die n-te Dreieckszahl zu ermitteln, muß man die ersten n natürlichen Zahlen addieren.

**Aufgabe 2:**

Versuche, eine Formel zu finden, mit der man die Summe der ersten n natürlichen Zahlen errechnen kann.

*Lösung:*

Es ist $1+2+3+4+\ldots+n=\frac{n(n+1)}{2}$. (*)

Diese Formel hat schon der Mathematiker und Astronom Carl Friedrich Gauss (1777–1855) als Schüler herausgefunden. Anlaß dazu war die Aufgabe seines Mathematiklehrers, die natürlichen Zahlen von 1 bis 100 zu addieren. Damit wären, so dachte der Herr Lehrer, die Schüler wohl eine Weile beschäftigt. Der pfiffige Carl Friedrich jedoch bewältigte dank obiger Formel die Aufgabe innerhalb kurzer Zeit.

**Aufgabe 3:**

Beweise die Formel (*).

*Beweis:* $1+2+3+\ldots+(n-2)+(n-1)+n=$

$2+(n-2)=n$

$1+(n-1)=n$

1. (n gerade)

$$S_n = n + \underbrace{\underbrace{1+(n-1)} + \underbrace{2+(n-2)} + \ldots + \underbrace{\frac{n+2}{2} + \frac{n-2}{2}}}_{\frac{1}{2}n \text{ Summanden}} + \frac{n}{2}$$

$$= n + \underbrace{n + n + \ldots + n}_{\frac{1}{2}n \text{ Summanden}} + \frac{n}{2}$$

$$S_n = n\frac{n}{2} + \frac{n}{2} = \frac{n}{2}(n+1).$$

2. (n ungerade)

$$S_n = n + \underbrace{\underbrace{1+(n-1)} + \underbrace{2+(n-2)} + \ldots + \underbrace{\frac{n+1}{2} + \frac{n-1}{2}}}_{\frac{n+1}{2} \text{ Summanden}}$$

$$= n + \underbrace{n + n + \ldots + n}_{\frac{n+1}{2} \text{ Summanden}}$$

$$S_n = n\frac{n+1}{2}$$

**Aufgabe 4:**

**a)** Wie groß ist die hundertste Dreieckszahl?

**b)** Wie groß ist die Summe der ersten 200 natürlichen Zahlen?

*Lösung:*

a) 5050 b) 20100

## 2. Viereckszahlen

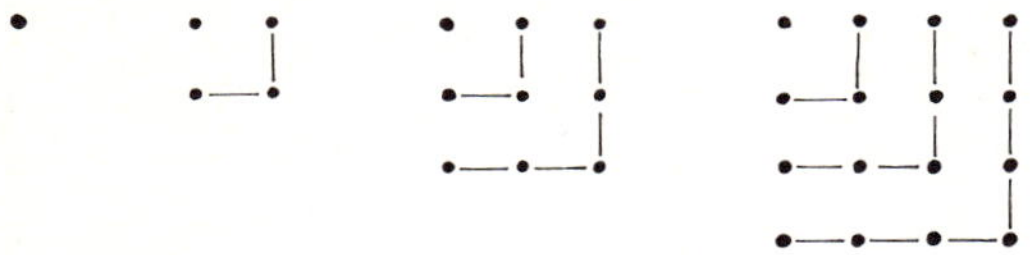

→ Kopiervorlage

Man kann nun Punkte auch in Form eines Vierecks anordnen. Es sind dann 1, 4, 9, 16 Punkte. Folglich heißen die zugehörigen Zahlen Viereckszahlen.

Viereckszahlen werden folgendermaßen errechnet:

$$1 = 1$$
$$1+3 = 4$$
$$1+3+5 = 9$$
$$1+3+5+7 = 16 \quad \text{usw.}$$

**Aufgabe 5:**

**a)** Bestimme die fünfte, sechste, zehnte Viereckszahl.
(25, 36, 100)

**b)** Begründe, daß die Viereckszahlen gerade die Quadratzahlen sind.

**c)** Wie lautet das allgemeine Bildungsgesetz für die Viereckszahlen?
($1+3+5+\ldots+(2n-1)=n^2$)

**Aufgabe 6:**

Bilde die ersten vier Glieder der Folge der

**a)** Fünfeckszahlen

**b)** Sechseckszahlen

**c)** Zwölfeckszahlen

*Lösung:*

a)

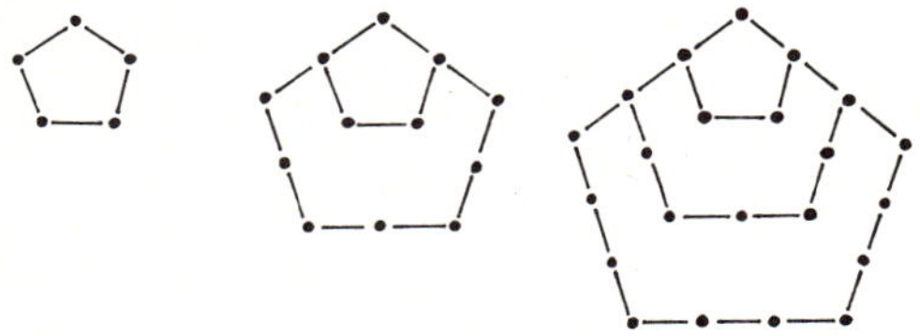

b) 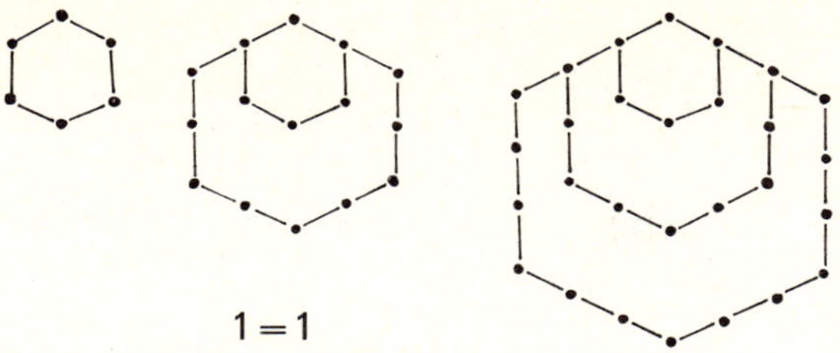

c)
$$1=1$$
$$1+11=12$$
$$1+11+21=33$$
$$1+11+21+31=64$$

→ Kopiervorlage

## 14 Summen aufeinanderfolgender Zahlen

| I |
|---|

a) Ab Klasse 7

b) Keine

c) Daß sich alle ungeraden Zahlen, die größer als 1 sind, als Summe zweier aufeinanderfolgender Zahlen schreiben lassen, ist wegen $2n+1=(n)+(n+1)$ trivial.
Auch für alle geraden Zahlen, die noch mindestens einen von 2 verschiedenen Primteiler enthalten, kann man sofort eine Darstellung angeben. Ist nämlich $x=p \cdot y$ mit natürlichen Zahlen p, x und y, so gilt

$$x = \ldots + y-2 + y-1 + y + y+1 + y+2 + \ldots$$

mit insgesamt p Summanden.
Den Nachweis, daß nur Zweierpotenzen nicht als Summe aufeinanderfolgender Zahlen geschrieben werden können, wollen wir hier nur skizzieren:
Wenn wir annehmen, daß sich $x=2^r$ mit einer natürlichen Zahl r darstellen ließe, dann ist nach den obigen Überlegungen klar, daß eine Darstellung mit Hilfe zweier aufeinanderfolgender Summanden nicht in Frage kommt. (Die Summe zweier aufeinanderfolgender Zahlen ergibt immer eine ungerade Zahl.) Mithin kann die Anzahl der auftretenden Summanden entweder gerade ($>2$) oder ungerade sein.
Wäre sie ungerade (z. B. 3), so könnte man schreiben $x = y-1 + y + y+1 = 3y$. Damit wäre die Zahl aber durch 3 teil-

bar und keine Zweierpotenz mehr. Analog kann man bei allen ungeraden Anzahlen schließen.
Wäre die Anzahl aber nun gerade (z. B. 4), so könnte man schreiben $x = y-1 + y + y+1 + y+2 = 4y + 2 = 2(2y+1)$. Hier ist aber x durch $2y+1$ teilbar, eine in jedem Falle ungerade Zahl, und es ergibt sich derselbe Widerspruch. Analog kann man bei allen anderen geraden Anzahlen schließen.
Folglich sind nur die Zweierpotenzen nicht als Summe aufeinanderfolgender Zahlen darstellbar.

d) Die Aufgaben bieten Raum für mathematisches Forschen. Es sollten möglichst viele unterschiedliche Darstellungen gefunden werden. Schwerpunkt sollte beim Begründen und Erklären der Lösungen liegen.

## II

Ein Teilbereich der Mathematik beschäftigt sich damit, herauszufinden, auf welche Weisen und unter welchen Gesetzmäßigkeiten sich natürliche Zahlen als Summen von anderen natürlichen Zahlen darstellen lassen.

*Beispiel:*

$12 = 1+1+1+\ldots+1$

$\quad = 1+11 = 2+10 = \ldots = 6+6$

$\quad = 1+2+3+6$ usw.

Wir wollen uns dabei auf Summanden beschränken, die aufeinanderfolgende natürliche Zahlen darstellen.

*Beispiele:*

$18 = 5+6+7$

$15 = 1+2+3+4+5$
$\quad = 4+5+6$
$\quad = 7+8$

Die Anzahl der Summanden soll dabei keine Rolle spielen.

**Aufgabe 1:**
Stelle als Summe von aufeinanderfolgenden natürlichen Zahlen dar:
20, 21, 22, 37, 48, 50, 88, 102.

*Lösung:*
$20 = 2 + 3 + 4 + 5 + 6$
$21 = 6 + 7 + 8 = 10 + 11$
$22 = 4 + 5 + 6 + 7$
$37 = 18 + 19$
$48 = 15 + 16 + 17$
$50 = 8 + 9 + 10 + 11 + 12$
$88 = 3 + 4 + 5 + 6 + 7 + 8 + 9 + 10 + 11 + 12 + 13$
$102 = 33 + 34 + 35$

**Aufgabe 2:**
Finde weitere Zahlen und stelle sie als Summe aufeinanderfolgender natürlicher Zahlen dar.

**Aufgabe 3:**
Begründe, daß sich ungerade Zahlen immer als Summe zweier aufeinanderfolgender Zahlen schreiben lassen.

*Lösung:*
Man kann jede ungerade Zahl in der Form $2n+1$ mit einer natürlichen Zahl n schreiben. Dann ist aber auch die Schreibweise $2n+1 = n + (n+1)$ möglich.

**Aufgabe 4:**
Finde Zahlen, die sich nicht als Summe aufeinanderfolgender Zahlen schreiben lassen. Welche sind das?

*Lösung:*
Es sind 2, 4, 8, 16, 32, ..., die Potenzen von 2.

**Aufgabe 5:**
Stelle als Summe dreier aufeinanderfolgender Zahlen dar:
9, 21, 42

*Lösung:*
$9 = 2 + 3 + 4$
$21 = 6 + 7 + 8$
$42 = 13 + 14 + 15$

**Aufgabe 6:**
Begründe, daß sich alle durch 3 teilbaren Zahlen, die größer als 3 sind, als Summe dreier aufeinanderfolgender Zahlen schreiben lassen.

*Lösung:*
Wir können eine durch 3 teilbare Zahl x zerlegen in $x = 3 \cdot y$, wobei y eine natürliche Zahl ist. Dann läßt sich schreiben
$x = (y-1) + y + (y+1)$.

**Aufgabe 7:**
Mache dasselbe für durch 5 teilbare Zahlen, die größer als 5 sind, mit 5 Summanden.

*Lösung:*
$x = 5 \cdot y$
$x = (y-2) + (y-1) + y + (y+1) + (y+2)$

## 15 Zahlensiebe

I

a) Ab Klasse 7

b) Primzahlen

c) Schon in der Antike war das „Sieb des ERATOSTHENES" bekannt. Weitere mathematische Siebe sind aber erst in den letzten dreißig Jahren näher untersucht worden, weil dadurch ein Beitrag zur Primzahltheorie geleistet werden konnte. Neben der Folge der Primzahlen, die vom Sieb des ERATOSTHENES geliefert werden, konnte man nun andere Folgen natürlicher Zahlen – z. B. die „glücklichen Zahlen" – aussieben, die eine wichtige Eigenschaft gemeinsam haben. Dabei handelt es sich um die Gültigkeit des sog. Primzahlsatzes, der die Anzahl von Primzahlen bis zu einer gewissen Schranke angibt.

d) Obwohl es sich bei den mathematischen Sieben um ein relativ entlegenes Kapitel aus der Zahlentheorie handelt, kann es dennoch für Schüler interessant sein, anhand des „Aussiebens" natürlicher Zahlen die Vielfalt mathematischer Fragestellungen und Methoden kennenzulernen. Da die Forschungen in diesem Bereich noch nicht abgeschlossen und Beweise ausgesprochen kompliziert sind, erübrigen sich theoretische Untersuchungen.
Um den Siebvorgang anschaulich zu machen, wäre es eine sinnvolle Variante, die Zahlen beim Sieb des ERATOSTHENES folgendermaßen aufzuschreiben:

| | | | | | | | | | | |
|---|---|---|---|---|---|---|---|---|---|---|
| | 1 | 2 | 3 | 4 | 5 | 6 | 7 | 8 | 9 | 10 |
| | 11 | 12 | 13 | ... | | | | | | |
| oder | 1 | 2 | 3 | 4 | 5 | 6 | | | | |
| | 7 | 8 | 9 | ... | | | | | | |

Dann liegen die Vielfachen von 2, 3, ... regelmäßig und lassen sich leicht wegstreichen.

## II

### 1. Das Sieb des ERATOSTHENES

Ziel: Aussieben der Primzahlen aus der Menge der natürlichen Zahlen.
Zunächst schreibt man die ersten natürlichen Zahlen bis zu einer beliebigen Schranke (z. B. 50; 100) auf.
Aus diesen werden im ersten Durchgang neben der 1 (keine Primzahl, da Primzahlen ja genau 2 Teiler besitzen) alle durch 2 teilbaren Zahlen mit Ausnahme der 2 herausgestrichen. Es verbleiben

2 3 5 7 9 11 13 15 17 19 21 23 25 ...

Nach der 2 steht jetzt als nächste Zahl die 3 da. Folglich werden im zweiten Durchgang alle durch 3 teilbaren Zahlen mit Ausnahme der 3 herausgestrichen (z. B. 9, 15, 21, ...). Es verbleiben

2 3 5 7 11 13 17 19 23 25 29 31 35 ...

Nach der 3 steht nun als nächste Zahl die 5 da. Folglich werden im dritten Durchgang alle durch 5 teilbaren Zahlen mit Ausnahme der 5 herausgestrichen (z. B. 25, 35, 55, ...). Es verbleiben

2 3 5 7 11 13 17 19 23 29 31 37 ...

Dieses Verfahren wird so oft wiederholt, bis bei einem Durchgang keine Zahl mehr herausgestrichen wird. Es bleiben die Primzahlen übrig, da deren Vielfache ja immer gestrichen wurden.

**Aufgabe 1:**
Die Schüler sollen die Primzahlen bis zu einer doppelt so hohen Schranke aussieben. Nach wieviel Durchgängen kann man sicher sein, daß nur noch Primzahlen übrig sind?

**Aufgabe 2:**
Schreibe die Zahlen in einer übersichtlichen Anordnung und siebe dann. Was stellst du fest?

2. Die „glücklichen Zahlen"

Als „glückliche Zahlen" bezeichnet man die Zahlen, die aus der Menge der natürlichen Zahlen mit Hilfe des folgenden Siebes ausgesiebt werden:
Zunächst schreibt man die ersten natürlichen Zahlen bis zu einer beliebigen Schranke (z. B. 50; 100) auf.
Aus diesen wird im ersten Durchgang jede zweite Zahl herausgestrichen. Es bleiben übrig

1 3 5 7 9 11 13 15 17 19 21 23 25 27 29 ...

Im zweiten Durchgang streicht man nun von der 1 an zählend jede dritte Zahl heraus (z. B. 5, 11, 17, 23, 29, ...). Es bleiben übrig

1 3 7 9 13 15 19 21 25 27 31 33 37 39 ...

Nach der 3 steht nun als nächste Zahl die 7 da. Folglich wird im dritten Durchgang von 1 an gezählt jede siebte Zahl gestrichen (z. B. 19, 39, ...). Es verbleiben

1 3 7 9 13 15 21 25 27 31 37 43 ...

Auch dieses Verfahren wird so oft wiederholt, bis keine der verbleibenden Zahlen mehr gestrichen werden kann.

**Aufgabe 3:**
Die Schüler sollen die „glücklichen Zahlen" bis zu einer doppelt so hohen Schranke heraussieben.

## 16 Zahlentheoretische Funktionen

| I |
|---|

a) Ab Klasse 8

b) Primzahlen, Funktionsbegriff

c) Die zahlentheoretischen Funktionen sind für die Mathematik im allgemeinen und für die Zahlentheorie im besonderen von fundamentaler Bedeutung. Ganze Lehrbücher beschäftigen sich mit ihrer Untersuchung, so daß hier auf eine Aufzählung von Einzelaspekten verzichtet werden kann.

d) Obwohl die Zahlentheorie als ein Gebiet der reinen Mathematik eher abstrakter Natur ist, ist der Zugang zu den zahlentheoretischen Funktionen elementar und daher leicht nachvollziehbar. Die mathematische Bedeutung jedoch läßt sich für Schüler nur erahnen.

# II

## 1. Die Teilerfunktion

Unter den Teilern einer natürlichen Zahl n verstehen wir jede von Null verschiedene natürliche Zahl, die, wenn man n durch sie dividiert, keinen Rest läßt.

Beispielsweise hat 6 die Teiler 1, 2, 3, 6,
15 die Teiler 1, 3, 5, 15 und
29 die Teiler 1 und 29.

**Aufgabe 1:**

Bestimme alle Teiler von 8, 24, 39, 57 und weiteren Zahlen deiner Wahl.

**Aufgabe 2:**

Finde Zahlen, die möglichst wenige Teiler besitzen.
Welche Zahlen sind das?

*Lösung:*
Genau ein Teiler: 1.
Genau zwei Teiler: 2, 3, 5, 7, 11, 13, ...
die Primzahlen.

Wir bezeichnen die Anzahl der Teiler einer Zahl n mit d(n), z.B. $d(3)=2$, $d(6)=4$, und nennen d(n) die Teilerfunktion.

**Aufgabe 3:**

Welche Zahlen zwischen 1 und 25 besitzen besonders viele Teiler?

*Lösung:*
Es sind 6: $d(6)=4$; 12: $d(12)=6$; 18: $d(18)=6$;
20: $d(20)=6$; 24: $d(24)=8$

**Aufgabe 4:**

Fertige eine Wertetabelle an und zeichne den Graphen von d(n).

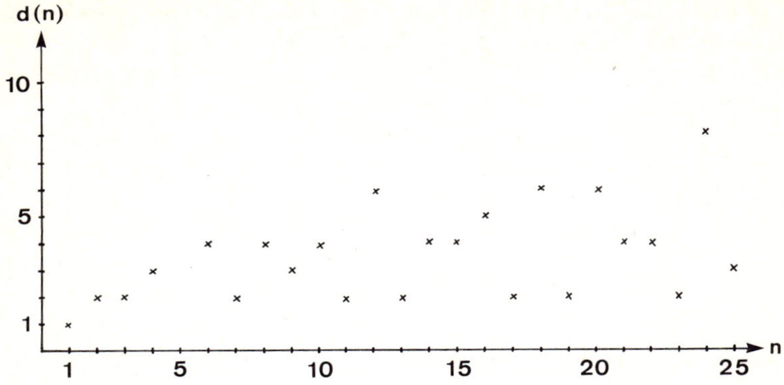


## 2. Die Teilersummenfunktion

Neben der Anzahl der Teiler kann man einer natürlichen Zahl auch die Summe ihrer Teiler zuordnen.

*Beispiele:* 6: $1+2+3+6=12$
15: $1+3+5+15=24$
29: $1+29=30$

**Aufgabe 5:**
Bestimme die Teilersumme von 8 (15), 24 (60), 39 (56), 57 (80) und weiteren Zahlen.

**Aufgabe 6:**
Finde Zahlen mit möglichst kleiner Teilersumme.
Welche Zahlen sind das?

*Lösung:*
Generell gilt natürlich: Je kleiner die Zahl, desto kleiner ist ihre Teilersumme. Aber daneben haben die Primzahlen p immer nur die Teilersumme $p+1$.

Wir bezeichnen die Summe der Teiler einer natürlichen Zahl n mit $\sigma(n)$ (Sigma von n) und nennen $\sigma(n)$ die Teilersummenfunktion.
Z.B.: $\sigma(8)=15$, $\sigma(24)=60$ usw.

**Aufgabe 7:**
Finde Zahlen, bei denen $\sigma(n)=2n$ ist, also die Summe ihrer Teiler genau doppelt so groß wie die Zahl selbst ist.

*Lösung:*
Es gibt nur wenige dieser sogenannten „vollkommenen" Zahlen

und zwar 6, 28, 496, 8128, .... Bis 1972 hatte man erst 24 vollkommene Zahlen entdeckt.

**Aufgabe 8:**

Finde Zahlen, bei denen $\sigma(n) > 2n$ ist. Solche Zahlen heißen abundante Zahlen. (abundare (lat.) = überfließen, Überfluß haben)

Beispiele: $\sigma(18) = 39$, $\sigma(24) = 60$, $\sigma(30) = 72$, ...

**Aufgabe 9:**

Zahlen, bei denen $\sigma(n) < 2n$ ist, heißen defizient.
(deficere (lat.) = schwinden)
Nenne einige defiziente Zahlen.

**Aufgabe 10:**

Untersuche die Teilersumme der Zweierpotenzen $2^1$, $2^2$, $2^3$, ...

*Lösung:*

Beispiele: $\sigma(8) = 15$, $\sigma(16) = 31$, $\sigma(32) = 63$
Es gilt: Ist n eine Zweierpotenz, so gilt $\sigma(n) = 2n - 1$.

# Historisches

## 17 Rechenkunst in der Antike

**I**

a) Ab Klasse 7

b) Keine

c) –

d) Bei dieser recht umfangreichen Einheit liegt die besondere Schwierigkeit schon darin, daß die Schüler mit sehr vielen neuen Zeichen konfrontiert werden. Gegebenenfalls sollte der Lehrer die Zahlzeichen und Multiplikationstabellen herauskopieren und den Schülern zur Verfügung stellen (→ Kopiervorlage).
Dennoch erscheint es reizvoll, sich einmal damit auseinanderzusetzen, mit welchen Problemen die alten Hochkulturen zu kämpfen hatten, für die ja Berechnungen auch unverzichtbar waren.
Es zeigt sich, wie übersichtlich und dadurch leistungsfähig unser dezimales Stellenwertsystem gegenüber zum Beispiel der griechischen Zahlenschreibweise ist.
Falls der Umgang mit den griechischen Zahlzeichen doch zu problematisch sein sollte, könnten einige Rechenbeispiele anhand der beigefügten Multiplikationstabellen demonstriert werden.

**II**

Viele wichtige mathematische Erkenntnisse sind uns in Form von Definitionen und Lehrsätzen erhalten, die schon seit mehreren Jahrtausenden bekannt sind. Schon bei den Ägyptern und Babyloniern war die Mathematik eine wichtige Wissenschaft, von den Griechen sind uns vor allem geometrische Erkenntnisse erhalten. Die Römer, die weniger Grundlagenforschung auf theoretischer Basis als vielmehr Anwendung der bekannten Sachverhalte betrieben, sind uns als geniale Konstrukteure und Ingenieure im Bewußtsein. Neben der Mathematik spielt aber auch das Rechnen eine wichtige Rolle. Leider sind uns nur wenige Fragmente mit Rechnungen überliefert, weil die Rechenkunst in geringem Ansehen stand und deshalb Schreibmaterial zu teuer war, um Rechnungen festzuhalten. Dazu kommt, daß, wie wir im folgenden sehen werden, die Zahlzeichen ausgesprochen unhandlich waren. Hier nun zunächst eine Übersicht über die Zahlzeichen verschiedener Kulturen.

Ägypter (etwa 3000 v. Chr.)

| 1 | 10 | 100 | 1 000 | 10 000 | 100 000 | 1 000 000 |
|---|---|---|---|---|---|---|

| Strich | Fessel | Strick | Lotos-pflanze | stehender Finger | Kaul-quappe | Gott |
|---|---|---|---|---|---|---|

Griechen (älteres System)

| 1 | 5 | 10 | 50 | 100 | 500 | 1000 | 5 000 | 10 000 | 50 000 |
|---|---|---|---|---|---|---|---|---|---|
| Ι | Π | Δ | 𐅄 | Η | 𐅅 | Χ | 𐅆 | Μ | 𐅇 |

Griechen (jüngeres System)

| 1 | 2 | 3 | 4 | 5 | 6 | 7 | 8 | 9 | 10 |
|---|---|---|---|---|---|---|---|---|---|
| α' | β' | γ' | δ' | ε' | ϛ' | ζ' | η' | ϑ' | ι' |
| Alpha | Beta | Gamma | Delta | Epsilon | Stingma | Zeta | Eta | Theta | Iota |

| 20 | 30 | 40 | 50 | 60 | 70 | 80 | 90 | 100 |
|---|---|---|---|---|---|---|---|---|
| κ' | λ' | μ' | ν' | ξ' | ο' | π' | ϙ' | ρ' |
| Kappa | Lambda | My | Ny | Xi | Omikron | Pi | Koppa | Rho |

| 200 | 300 | 400 | 500 | 600 | 700 | 800 | 900 |
|---|---|---|---|---|---|---|---|
| σ' | τ' | υ' | φ' | χ' | ψ' | ω' | ϡ' |
| Sigma | Tau | Ypsilon | Phi | Chi | Psi | Omega | Sampi |

͵α = 1000, ͵β = 2 000, ......

Römer

| 1 | 5 | 10 | 50 | 100 | 500 | 1000 |
|---|---|---|---|---|---|---|
| I | V | X | L | C | D | M oder CIↃ |

| 5000 | 10 000 | 50 000 | 100 000 | 1 000 000 |
|---|---|---|---|---|
| IↃↃ | CCIↃↃ | IↃↃↃ | CCCIↃↃↃ | \|X̄\| |

<u>*Beispiel:*</u> Darstellungen der Zahl 1245

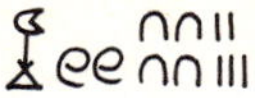

XHHΔΔΔΔΠ

,ασμε'

MCCXXXXV

**Aufgabe 1:**

Schreibe folgende Zahlen in den Zahlzeichen der verschiedenen Kulturen: 37, 154, 623
Denk dir weitere Zahlen und schreibe sie.

Im Folgenden wollen wir versuchen nachzuvollziehen, wie derartige Rechnungen bei den Griechen und später bei den Römern durchgeführt wurden.
Beim Rechnen mit Bruchzahlen zwischen 0 und 1 (negative Zahlen waren nicht bekannt) wurde nun nicht mit Vielfachen von $\frac{1}{10}, \frac{1}{100}, \frac{1}{1000}$, usw. gerechnet. Stattdessen benutzte man in Rechnungen, die höhere Genauigkeit erforderten (z. B. astronomische Berechnungen), Vielfache von $\frac{1}{60}, \frac{1}{60^2}, \frac{1}{60^3}, \ldots$ nach babylonischem Vorbild. Bei Rechnungen, die geringere Genauigkeit erforderten, verwendete man sogenannte Unzialbrüche, d. h. Brüche mit dem Nenner 12.
Dabei verwendete man wiederum die folgenden Zahlzeichen, die allerdings von den schon bekannten für Einer nicht zu unterscheiden waren.

| | | | |
|---|---|---|---|
| $\frac{1}{12}$ | lat.: uncia | $\frac{5}{60}$ | gr.: ιβ' |
| $\frac{2}{12} = \frac{1}{6}$ | lat.: sextans | $\frac{10}{60}$ | gr.: ς' |
| $\frac{3}{12} = \frac{1}{4}$ | lat.: quadrans | $\frac{15}{60}$ | gr.: δ' |
| $\frac{4}{12} = \frac{1}{3}$ | lat.: triens | $\frac{20}{60}$ | gr.: γ' |
| $\frac{6}{12} = \frac{1}{2}$ | lat.: semis | $\frac{30}{60}$ | gr.: α' |
| $\frac{8}{12} = \frac{2}{3}$ | lat.: bes | $\frac{40}{60}$ | gr.: γ' |
| $\frac{12}{12} = 1$ | lat.: as | $\frac{60}{60}$ | gr.: $\overline{\alpha}$ |

Tauchten in einer Rechnung auch noch ganze Zahlen auf, so wurden sie mit einem Querstrich versehen.

Die anderen Brüche erzeugte man durch Addition dieser Stammbrüche, z. B. $\frac{5}{12} = \frac{4}{12} + \frac{1}{12} =$ γιβ'

**Aufgabe 2:**

Wie lautet die Darstellung von $\frac{7}{12}, \frac{9}{12}, \frac{10}{12}, \frac{11}{12}$?

<u>*Lösung:*</u>

$$\frac{7}{12} = \frac{6}{12} + \frac{1}{12} = \frac{1}{2} + \frac{1}{12} = \alpha\iota\beta'$$

$$\frac{9}{12} = \frac{6}{12} + \frac{3}{12} = \frac{1}{2} + \frac{1}{4} = \alpha\delta'$$

$$\frac{10}{12} = \frac{6}{12} + \frac{4}{12} = \frac{1}{2} + \frac{1}{3} = \alpha\gamma'$$

$$\frac{11}{12} = \frac{6}{12} + \frac{4}{12} + \frac{1}{12} = \frac{1}{2} + \frac{1}{3} + \frac{1}{12} = \alpha\gamma\iota\beta'$$

In den Überlieferungen finden wir meist nur die Ergebnisse von Berechnungen. Daher ist es schwierig, die Praxis der Rechentechnik nachzuvollziehen. Einen Hinweis findet man jedoch bei EUTOKIOS von Askalon (etwa 6. Jh. n. Chr.), einem Mathematiker, der Kommentare zu Schriften des ARCHIMEDES und des APOLLONIUS von Perge verfaßt hat.
Dort werden Multiplikationen, vor allem Quadrierungen von bis zu vierstelligen Zahlen, durchgeführt. Voraussetzung dafür sind Multiplikationstabellen, die teilweise sogar auswendig gewußt wurden. Es müssen insgesamt zehn solcher Tabellen gewesen sein, nämlich je eine für Einer mal Einer, Einer mal Zehner, Einer mal Hunderter, Einer mal Tausender, Zehner mal Zehner, Zehner mal Hunderter, Zehner mal Tausender, Hunderter mal Hunderter, Hunderter mal Tausender, Tausender mal Tausender.
Mit Hilfe dieser Tabellen konnte man einzelne Produkte ermitteln und dann im Kopf oder mit dem Abacus addieren.

**Aufgabe 3:**

Fertige Multiplikationstabellen für das Rechnen von Einer mal Einer, Einer mal Zehner und Zehner mal Zehner an.

**Aufgabe 4:**

Berechne damit
$\iota\varepsilon'$ mal $\kappa\alpha'$ (15·21)

<u>*Lösung:*</u>

$$\begin{aligned} & \iota\varepsilon' \cdot \kappa\alpha' && 15 \cdot 21 \\ = {} & \iota' \cdot \kappa\alpha' + \varepsilon' \cdot \kappa\alpha' && = 10 \cdot 21 + 5 \cdot 21 \\ = {} & \iota' \cdot \kappa' + \iota' \cdot \alpha' + \varepsilon' \cdot \kappa' + \varepsilon' \cdot \alpha' && = 10 \cdot 20 + 10 \cdot 1 + 5 \cdot 20 + 5 \cdot 1 \\ = {} & \sigma' + \iota' + \varrho' + \varepsilon' && = 200 + 10 + 100 + 5 \\ = {} & \tau\iota\varepsilon' && = 315 \end{aligned}$$

**Aufgabe 5:**

Berechne ebenso ιζ′·κδ′ (17·24) und ιδ′·ις′ (14·16)

*Lösung:* υη′ (408), σκδ′ (224)

Multiplikationstabellen

| Einer mal Einer | α′ | β′ | γ′ | δ′ | ε′ | ς′ | ζ′ | η′ | ϑ′ |
|---|---|---|---|---|---|---|---|---|---|
| α′ | α′ | β′ | γ′ | δ′ | ε′ | ς′ | ζ′ | η′ | ϑ′ |
| β′ | β′ | δ′ | ς′ | η′ | ι′ | ιβ′ | ιδ′ | ις′ | ιη′ |
| γ′ | γ′ | ς′ | ϑ′ | ιβ′ | ιε′ | ιη′ | κα′ | κδ′ | κζ′ |
| δ′ | δ′ | η′ | ιβ′ | ις′ | κ′ | κδ′ | κη′ | λβ′ | λς′ |
| ε′ | ε′ | ι′ | ιε′ | κ′ | κε′ | λ′ | λε′ | μ′ | με′ |
| ς′ | ς′ | ιβ′ | ιη′ | κδ′ | λ′ | λς′ | μβ′ | μη′ | νδ′ |
| ζ′ | ζ′ | ιδ′ | κα′ | κη′ | λε′ | μβ′ | μϑ′ | νς′ | ξγ′ |
| η′ | η′ | ις′ | κδ′ | λβ′ | μ′ | μη′ | νς′ | ξς′ | οβ′ |
| ϑ′ | ϑ′ | ιη′ | κζ′ | λς′ | με′ | νδ′ | ξγ′ | οβ′ | πα′ |

| Einer mal Zehner | α′ | β′ | γ′ | δ′ | ε′ | ς′ | ζ′ | η′ | ϑ′ |
|---|---|---|---|---|---|---|---|---|---|
| ι′ | ι′ | κ′ | λ′ | μ′ | ν′ | ξ′ | ο′ | π′ | ϙ′ |
| κ′ | κ′ | μ′ | ξ′ | π′ | ϱ′ | ϱκ′ | ϱμ′ | ϱξ′ | ϱπ′ |
| λ′ | λ′ | ξ′ | ϙ′ | ϱκ′ | ϱν′ | ϱπ′ | σι′ | σμ′ | σο′ |
| μ′ | μ′ | π′ | ϱκ′ | ϱξ′ | σ′ | σμ′ | σπ′ | τκ′ | τξ′ |
| ν′ | ν′ | ϱ′ | ϱν′ | σ′ | σν′ | τ′ | τν′ | υ′ | υν′ |
| ξ′ | ξ′ | ϱκ′ | ϱπ′ | σμ′ | τ′ | τξ′ | υκ′ | υπ′ | φμ′ |
| ο′ | ο′ | ϱμ′ | σι′ | σπ′ | τν′ | υκ′ | υϙ′ | φξ′ | χλ′ |
| π′ | π′ | ϱξ′ | σμ′ | τκ′ | υ′ | υπ′ | φξ′ | χμ′ | ψκ′ |
| ϙ′ | ϙ′ | ϱπ′ | σο′ | τξ′ | υν′ | φμ′ | χλ′ | ψκ′ | ωι′ |

| Zehner mal Zehner | ι′ | κ′ | λ′ | μ′ | ν′ | ξ′ | ο′ | π′ | ϙ′ |
|---|---|---|---|---|---|---|---|---|---|
| ι′ | ϱ′ | σ′ | τ′ | υ′ | φ′ | χ′ | ψ′ | ω′ | ϡ′ |
| κ′ | σ′ | υ′ | χ′ | ω′ | ,α | ,ασ′ | ,αυ′ | ,αχ′ | ,αω′ |
| λ′ | τ′ | χ′ | ϡ′ | ,ασ′ | ,αφ′ | ,αω′ | ,βϱ′ | ,βυ′ | ,βψ′ |
| μ′ | υ′ | ω′ | ,ασ′ | ,αχ′ | ,β | ,βυ′ | ,γω′ | ,γσ′ | ·γχ′ |
| ν′ | φ′ | ,α′ | ,αφ′ | ,β | ,βφ′ | ,γ | ,γφ′ | ,δ | ,δφ′ |
| ξ′ | λ′ | ,ασ′ | ,αω′ | ,βυ′ | ,γ | ,γχ′ | ,δσ′ | ,δω′ | ,εχ′ |
| ο′ | ψ′ | ,αυ′ | ,βϱ′ | ,βω′ | ,γφ′ | ,δσ′ | ,δϡ′ | ,εχ′ | ,ςτ′ |
| π′ | ω′ | ,αγ′ | ,βυ′ | ,γσ′ | ,δ | ,δω′ | ,εχ′ | ,ςυ′ | ,ζσ′ |
| ϙ′ | ϡ′ | ,αω′ | ,βψ′ | ,γχ′ | ,δφ′ | ,εχ′ | ,ςτ′ | ,ζσ′ | ,ηϱ′ |

## 18 Der Satz des THALES

I

a) Ab Klasse 7

b) Die Kenntnis des „Satz des THALES" ist nicht unbedingt nötig. Die Schüler müssen jedoch in der Lage sein, sachgerecht mit Zirkel und Lineal zu arbeiten.

c) Der Satz des THALES lautet:
Alle Winkel, deren zugeordneter Bogen ein Halbkreis ist, sind recht Winkel.
(kurz: Jeder Winkel im Halbkreis ist ein rechter.)

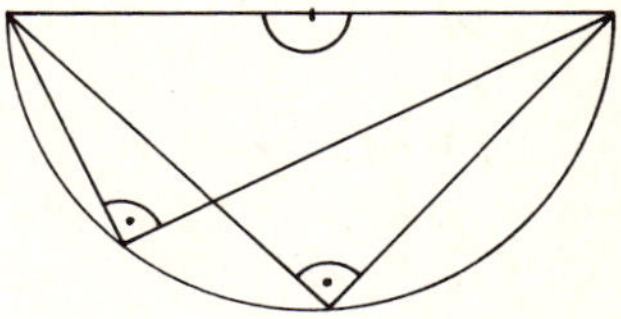

Der Beweis ergibt sich sofort aus dem Satz, daß der Mittelpunktswinkel (hier: 180°) stets doppelt so groß wie ein Umfangswinkel über derselben Sehne ist. Daneben gibt es einen elementaren Beweis über Winkelsummen.

d) Die zu erzählende Anekdote ist nicht historisch verbürgt. Dennoch kann sie Schüler dazu bringen, einzusehen, daß wichtige Ergebnisse in der Geometrie sich aus alltäglichen Beobachtungen ergeben.
Es ist dabei völlig ausreichend, sich auf Herleitung und Formulierung des Satzes zu beschränken, da der Beweis Kenntnisse voraussetzt, die nicht in unmittelbarem Zusammenhang zu dem hier Erarbeiteten stehen.
Hinweis: Der Satz ist nur dann richtig, wenn der Beobachter in der ersten Reihe des Amphitheaters sitzt.

II

Im griechischen Theater saßen die Zuschauer auf hölzernen oder steinernen Sitzbänken im Halbkreis um die Spielfläche, die Orchestra, herum. Den Abschluß des Halbkreises bildete die sogenannte Skene, die als Hintergrund des Spiels oft reichhaltig verziert war.
Das Theater von Milet hatte im 6. Jh. v. Chr. noch Holzbänke und wahrscheinlich eine hölzerne Skene, an deren beiden Enden jeweils eine Säule stand (vgl. Zeichnung).
Zu den regelmäßigen Besuchern der Theateraufführungen in Milet gehörte ein Mann, der sich immer in die erste Reihe setzte, von wo er die

Schauspieler am besten betrachten konnte. Während er seinen Blick vom linken Ende der Skene zum rechten schweifen ließ, stellte er fest, daß er den Kopf um genau eine Vierteldrehung bewegen mußte.
Bei einem der nächsten Besuche war er unpünktlich und fand einen Platz weiter am Rand. Dennoch machte er auch hier dieselbe Beobachtung, nämlich, daß er beim Blick von der linken Säule zur rechten den Kopf um eine Vierteldrehung nach rechts bewegen mußte. Nachdenklich geworden setzte er sich beim nächsten Mal absichtlich auf einen anderen Platz und beobachtete wiederum dasselbe Phänomen. Daraufhin zeichnete er seine Beobachtungen auf.

**Aufgabe 1:**

**a)** Zeichne in dein Heft Skene und untere Sitzreihe als Durchmesser und Halbkreisbogen.

**b)** Trage dann mindestens 5 verschiedene Sitzpositionen und die zugehörigen Blickwinkel ein und miß die Winkel. Was stellst du fest?

**c)** Zeichne eine Strecke mit den Endpunkten A und B und mindestens 4 rechte Winkel, deren Schenkel jeweils durch A und B verlaufen. Auf welcher Linie liegen die Scheitelpunkte? Konstruiere die Linie.

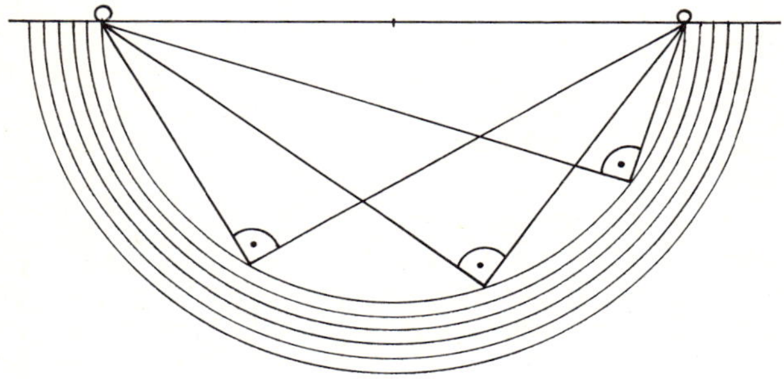

**Aufgabe 2:**

Zeichne eine Strecke mit den Endpunkten A und B und mindestens vier Winkel, deren Schenkel jeweils durch A und B verlaufen. Die Winkelgröße soll

**a)** 75° **b)** 100° betragen.

Liegen die Scheitelpunkte auf einem Halbkreis?

## 19 FIBONACCI-Zahlen

**I**

a) Ab Klasse 7

b) Indexschreibweise

c) Ein ausgesprochen ergiebiges Gebiet mathematischer Forschung sind die FIBONACCI-Zahlen. Dabei werden mit Hilfe von Rekursionsvorschriften Zahlenfolgen erzeugt. Notwendig sind außer der Vorschrift immer noch Anfangswerte, hier zwei, die den weiteren Verlauf der Folge mit bestimmen.
Den hohen Stellenwert der FIBONACCI-Zahlen, deren Theorie schnell sehr schwierig wird, kann man daran ermessen, daß es eine FIBONACCI-Gesellschaft und eine eigene mathematische Fachzeitschrift (Fibonacci Quarterly) gibt.

d) Neben dem anschaulichen Einstieg werden die Schüler schnell auf die Rekursionsformeln geführt, bei denen die Schreibweise besonderer Aufmerksamkeit bedarf.

**II**

Bei einer Population von Kaninchen bekommt ein Paar jeden Monat genau ein Paar Junge. Diese Jungtiere sind ab dem zweiten Monat nach ihrer Geburt soweit, daß sie ihrerseits wieder ein Paar Junge bekommen. Wir wollen nun die Vermehrung eines solchen Kaninchenpaares in folgender Weise darstellen:

Kaninchenpaare

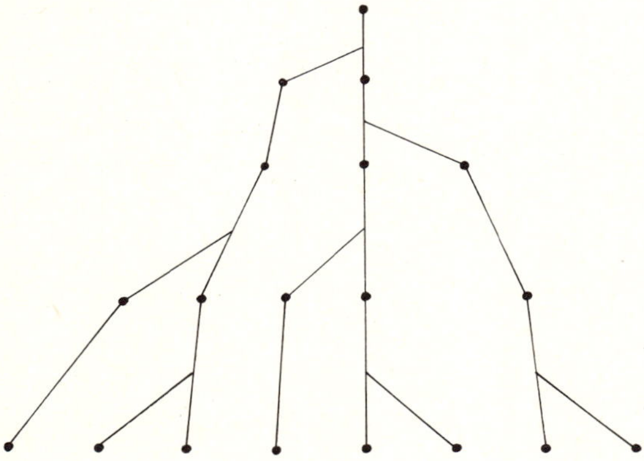

| Monat | Anzahl |
|---|---|
| 0 | 1 |
| 1 | 2 (1. Paar und ein Paar Junge) |
| 2 | 3 (1. Paar, ein älteres und ein jüngeres Paar Junge) |
| 3 | 5 (zusätzlich je ein Paar Junge der Eltern und der ältesten Jungtiere) |
| 4 | 8 |
| ⋮ | ⋮ |

Die Anzahl der Kaninchenpaare bildet eine Folge natürlicher Zahlen, die sogenannte FIBONACCI-Folge.
(FIBONACCI = Leonardo von Pisa 1170?–1250)

**Aufgabe 1:**

**a)** Wie viele Kaninchenpaare sind es nach 5, 6, 7 Monaten?

**b)** Es gilt $1=1$
$2=1+1$
$3=1+2$
$5=2+3$
$8=3+5$

Wie errechnen sich die Glieder dieser Folge?

**c)** Berechne das zehnte Folgenglied.

*Lösung:*

a) 13, 21, 34

b) $f_n=f_{n-2}+f_{n-1}$ oder $f_{n+1}=f_{n-1}+f_n$
mit $f_1=1$ und $f_2=2$.

c) 144

Bei den FIBONACCI-Zahlen ging man von den Zahlen 1 und 2 aus und bildete neue Zahlen, indem man die jeweils letzten bekannten Zahlen addierte, z. B. $8=3+5$.

**Aufgabe 2:**

Bilde eine andere Folge nach demselben Bildungsgesetz, aber ausgehend von 1 und 3. Diese Folge heißt die LUCAS-Folge. Bestimme die ersten zehn LUCAS-Zahlen.

*Lösung:*

1, 3, 4, 7, 11, 18, 39, 57, 96, 153, 249, ...
$l_n=l_{n-2}+l_{n-1}$ oder $l_{n-1}=l_n+l_{n+1}$
mit $l_1=1$ und $l_2=3$.

## 20 Die GOLDBACHsche Vermutung

**I**

a) Ab Klasse 5

b) Keine

c) Die GOLDBACHsche Vermutung gehört zu den klassischen ungelösten Problemen innerhalb der Mathematik. Seit 1742 ist es bisher nicht gelungen, dieses sehr einfach zu formulierende Problem zu beweisen: „Jede gerade natürliche Zahl läßt sich als Summe zweier Primzahlen darstellen." Es läßt sich hier einmal exemplarisch zeigen, welche Vielfalt an Fragestellungen es in der Mathematik gibt und wie schwierig es manchmal sein kann, ein einfach klingendes Problem zu beweisen.
Die bisher unüberwindbare Hürde für den Beweis ergibt sich daraus, daß die Menge der Primzahlen nur schwer in den Griff zu bekommen ist, d. h., daß es kein allgemeingültiges Bildungsgesetz für Primzahlen gibt. Auch über die Verteilung der Primzahlen gibt es wenig Erkenntnisse. Einerseits liegen mitunter viele Primzahlen dicht beieinander, andererseits kann man auch beliebig große Lücken zwischen zwei aufeinanderfolgenden Primzahlen feststellen.

d) Am Anfang wird die additive Darstellbarkeit einer natürlichen Zahl durch zwei Summanden untersucht. Man könnte natürlich eine Zahl auch in mehr als zwei Summanden zerlegen, das Gebiet der Partitionen beschäftigt sich in der Zahlentheorie damit, aber das Ziel dieser Einheit ist ja die Formulierung der GOLDBACHschen Vermutung.
Es gibt hier die einzigartige Möglichkeit, die Schüler zu selbständigem Forschen zu veranlassen. Insbesondere können diejenigen, die einen Computer programmieren können, die Vermutung empirisch untersuchen, beispielsweise für alle Zahlen bis 1000.

**II**

Ein ganzes Teilgebiet der Mathematik beschäftigt sich damit, festzustellen, wie sich Zahlen in Summanden zerlegen lassen. Um überhaupt zu vernünftigen Ergebnissen zu kommen, beschränkt man sich dabei auf die natürlichen Zahlen.

**Aufgabe 1:**

Zerlege 12 in zwei Summanden. Wie viele Zerlegungen gibt es?

*Lösung:*

$$\begin{aligned}12 &= 0+12\\ &= 1+11\\ &= 2+10\\ &= 3+9\\ &= 4+8\\ &= 5+7\\ &= 6+6\end{aligned}$$

Auch die Summanden sollen natürliche Zahlen sein, damit wir endlich viele verschiedene Darstellungen der Zahl 12 erhalten, und die Zerlegung $12=0+12$ wollen wir in Zukunft als trivial auslassen.
Unter den sechs nichttrivialen Zerlegungen der Zahl 12 in zwei Summanden gibt es genau eine, bei der beide Summanden Primzahlen sind, nämlich $12=5+7$. (1 ist keine Primzahl!)

**Aufgabe 2:**

Zerlege 18 in zwei Summanden und untersuche, ob es eine Zerlegung gibt, bei der beide Summanden Primzahlen sind.

*Lösung:*

$18=7+11$ und $18=5+13$

**Aufgabe 3:**

Zerlege folgende Zahlen in zwei Summanden, die Primzahlen sind.

**a)** 36 ($31+5$, $29+7$, $23+13$, $19+17$)
**b)** 42 ($37+5$, $31+11$, $29+13$, $23+19$)
**c)** 54 ($47+7$, $43+11$, $41+13$, $37+17$, $31+23$)
**d)** 62 ($59+3$, $43+19$, $31+13$)

**Aufgabe 4:**

Zerlege weitere Zahlen bis 100 in zwei Summanden, die beide Primzahlen sind. Versuche dabei, Zahlen zu finden, bei denen es möglichst viele bzw. möglichst wenige Primzahlzerlegungen gibt.

*Beispiele:* Viele Zerlegungen:
90: $83+7$, $79+11$, $73+13$, $71+19$, $67+23$, $61+29$, $59+31$, $53+37$, $47+43$.
Wenige Zerlegungen:
44: $37+7$, $31+13$.

**Aufgabe 5:**
Zerlege 150 in zwei Primzahlsummanden.

Die Vermutung liegt nahe, daß sich jede gerade Zahl als Summe zweier Primzahlen darstellen läßt. Sie wurde schon von dem Mathematiker Christian GOLDBACH (1690–1764) in einem Brief vom 7. Juni 1742 an Leonhard EULER formuliert und lautet hier: „Es scheinet wenigsten, daß eine jede Zahl, die größer ist als 2, ein aggregatum trium numerorum primorum (eine Summe von drei Primzahlen) sei."
Dabei wird 1 als Primzahl ausdrücklich zugelassen!
EULER antwortete darauf am 30. Juni 1742: „Daß aber jeder numerus par eine Summa duorum primorum (jede gerade Zahl eine Summe von zwei Primzahlen) sei, halte ich für ein gewisses Theorema, ungeachtet ich dasselbe nicht demonstrieren kann."
Obwohl sich das Problem als leicht verständlich darstellt, gibt es bisher noch keinen Beweis dafür.

**Aufgabe 6:**
Zerlege in eine Summe dreier Primzahlen:
49 (43+3+3, 41+5+3, 29+17+3, 23+23+3)
101 (89+7+5, 83+13+5, 73+23+5)

## 21 Die Wanderungen Leonhard Eulers

| I |
|---|

a) Ab 5./6. Schuljahr

b) Keine

c) Beim Durchlaufen von zusammenhängenden Netzen spielen offenbar die Knotenpunkte ungerader Ordnung eine wichtige Rolle. Dies läßt sich durch eine einfache Überlegung belegen:

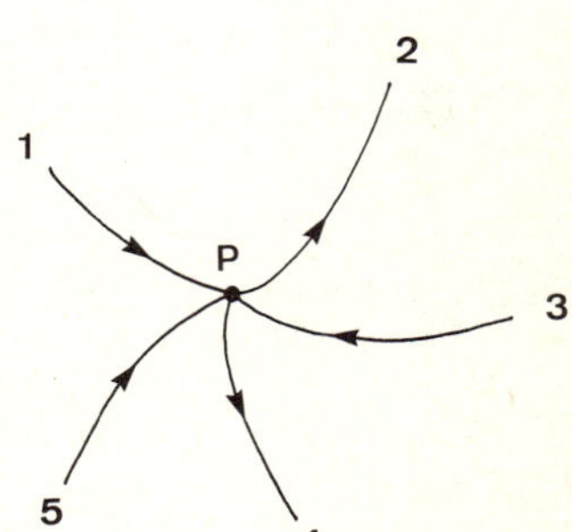


Der Knotenpunkt P, den wir aus einem Netz herausgelöst haben, besitze die ungerade Ordnung 5. Dann gibt es zu 1 den Rückweg 2 und zu 3 den Rückweg 4. Für den Hinweg 5 gibt es aber keinen Rückweg. Mithin wird P beim Durchlaufen des Netzes zur Sackgasse.

In der Topologie kann man beweisen, daß die Anzahl der Knotenpunkte ungerader Ordnung immer gerade ist. Daher gibt es drei Arten von Netzen: Solche ohne Knotenpunkte ungerader Ordnung (0 ist gerade!), solche mit genau 2 Knotenpunkten ungerader Ordnung und solche mit mehr als 2.

d) In 1. soll der Schüler mit der Problemstellung vertraut gemacht werden. Der Schüler geht hier probierend vor. Jeden Durchlauf notiert er dabei, indem er die Reihenfolge der passierten Knoten angibt, also etwa A–C–B–D ....
Mit 2. treten wir in die Phase der systematischen Untersuchung und Klassifizierung der Netze ein.
In 4. geht es darum, das Gelernte anzuwenden. Dazu muß der Schüler erkennen, daß sich das Königsberger Brückenproblem bzw. das Grundrißproblem durch Zurückführung auf Netze lösen läßt.

**II**

1. Ein Gartenarchitekt soll für seinen König das Wegenetz des Gartens so anlegen, daß der König das gesamte Wegenetz in einem Durchgang vollständig durchschreiten kann, ohne ein Stück zweimal benutzen zu müssen.
Der Gartenarchitekt macht drei Entwürfe:

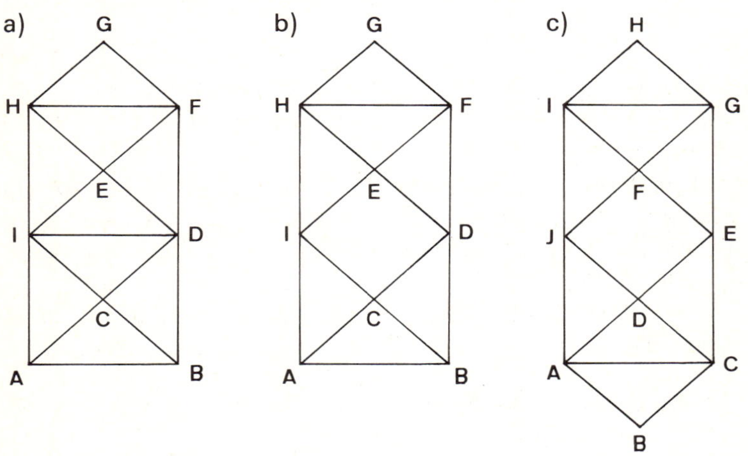


**Aufgabe 1:**

**a)** Welche dieser Wegenetze ermöglicht einen vollständigen Spaziergang?

**b)** Bei welchem Entwurf kann man den Spaziergang in einem beliebigen Punkt beginnen, das Wegenetz vollständig durchgehen und an den Punkt zurückkehren?

2. Figuren wie in 1. heißen in der Mathematik Netze, die Verzweigungspunkte nennt man Knoten und die Verbindungen zwischen Knoten sind Bögen (auch wenn sie als Strecken gezeichnet sind).

**Aufgabe 2:**

Schreibe neben jeden Knoten in den obigen Abbildungen die Anzahl der von ihm ausgehenden Bögen.

Geht von einem Knoten eine gerade Anzahl von Bögen aus, so nennt man ihn ein Knotenpunkt gerader Ordnung. Knotenpunkt ungerader Ordnung besitzen eine ungerade Anzahl von Bögen.

**Aufgabe 3:**

**a)** Gib von jeder Figur der Aufgabe 1 die Anzahl der Knotenpunkte ungerader Ordnung an.

**b)** Welcher Zusammenhang besteht zwischen der Möglichkeit des vollständigen Durchlaufens der Netze und der Anzahl der Knoten ungerader Ordnung?

3. Es gibt drei Arten von solchen Netzen:

I. Sie lassen sich vollständig durchlaufen. Man kann in jedem Punkt beginnen und der Durchlauf endet dort.
Solche Netze besitzen keine Knoten ungerader Ordnung.

II. Die Netze lassen sich vollständig durchlaufen. Sie besitzen zwei Knoten ungerader Ordnung. Diese sind dann aber Anfangs- und Endpunkt des Durchlaufs.

III. Besitzen die Netze dagegen mehr als zwei Knoten ungerader Ordnung, lassen sie sich nicht vollständig durchlaufen.

**Aufgabe 4:**

Untersuche die folgenden Netze. Welche gehören zum Typ I, II bzw. III?

**a)**

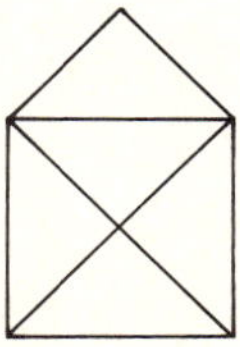

**b)**

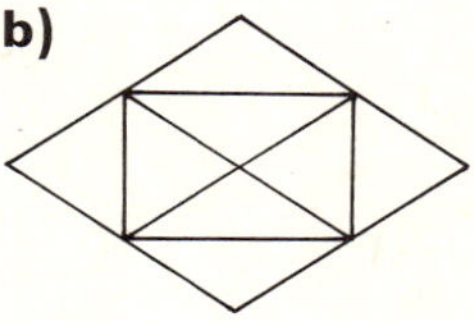

**c)**

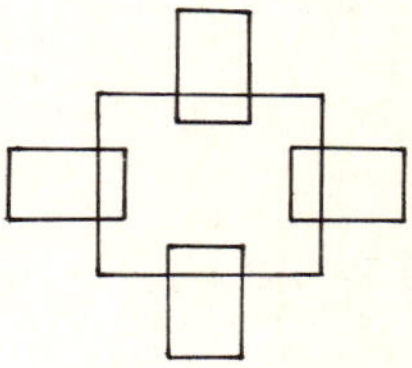

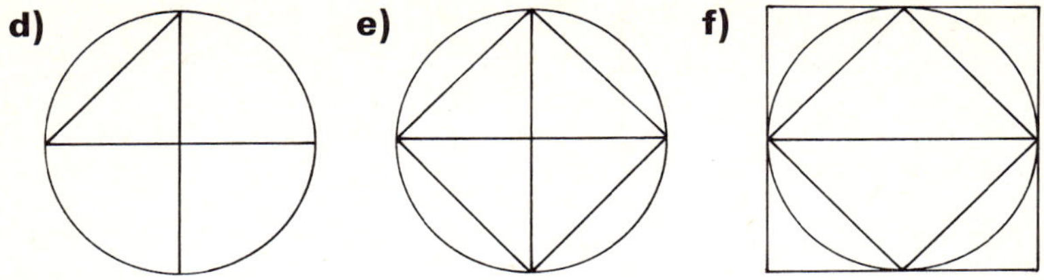


→ Kopiervorlage

4. Über den Pregelfluß in Königsberg führten zur Zeit Leonhard Eulers die hier eingezeichneten Brücken, die die Stadtteile A, B, C, D mit-

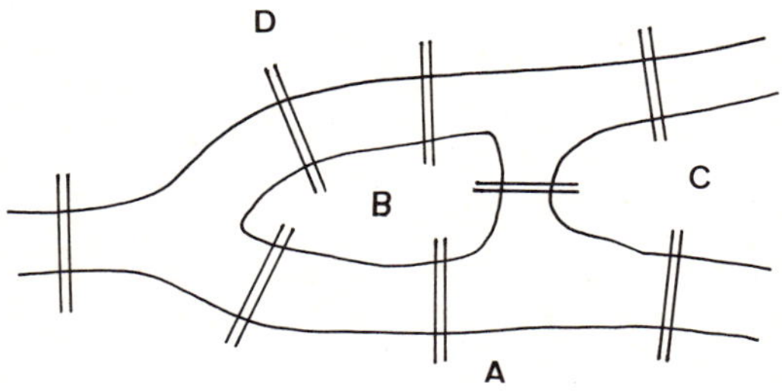


einander verbanden. Der berühmte Mathematiker wurde eines Tages befragt, ob man über die Pregelbrücken einen Sparziergang machen könne, der an einer Brücke beginne, über jede Brücke genau einmal führe und an den Anfangspunkt zurückführe?

→ Kopiervorlage

**Aufgabe 5:**
Was hat Euler wohl geantwortet?

**Aufgabe 6:**
Du sollst den Stadtplan von Königsberg in ein Netz umwandeln. Gehe so vor:
Die Stadtteile werden zu Knoten. Die Brücken, die die Stadtteile miteinander verbinden, ergeben die Bögen des Netzes. Die von A ausgehenden Bögen

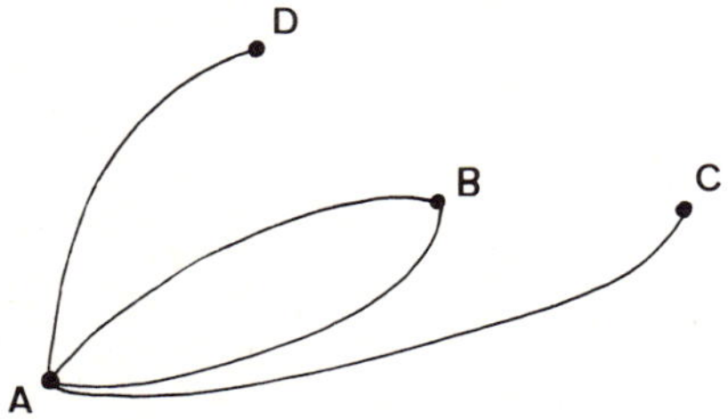

sind gezeichnet. Ergänze die von B, C, D ausgehenden und untersuche das Netz, ob es vom Typ I, II oder III ist.

*Lösung:*

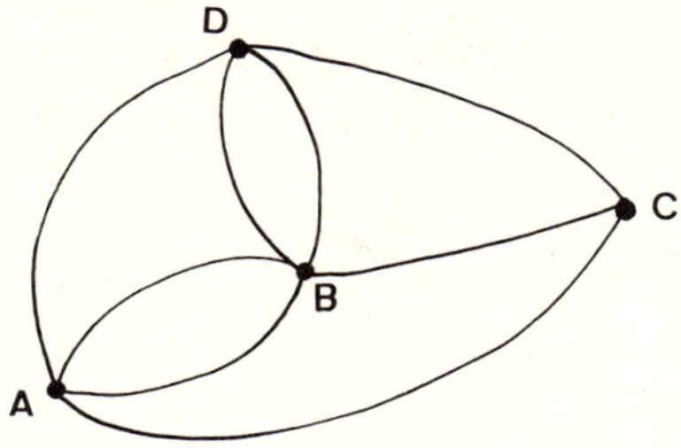


Typ II, B und C sind Knoten ungerader Ordnung.

**Aufgabe 7:**

Dies ist der Grundriß eines Hauses mit Wohnzimmer W, Schlafzimmer S, Bad B, Flur F und Küche K. Er soll daraufhin untersucht werden, ob man das Haus mit einem einzigen Rundgang, von S beginnend, so durchlaufen kann, daß man jede Tür hinter sich abschließend schließlich nach S zurückkehrt.

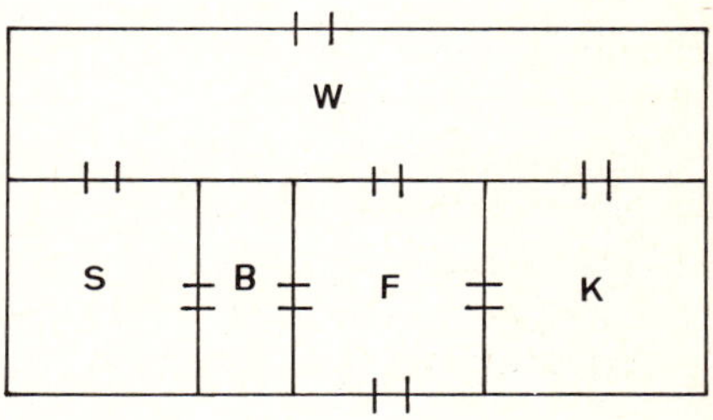


Zeichne zu dem Grundriß ein Netz.

→ Kopiervorlage

*Lösung:*

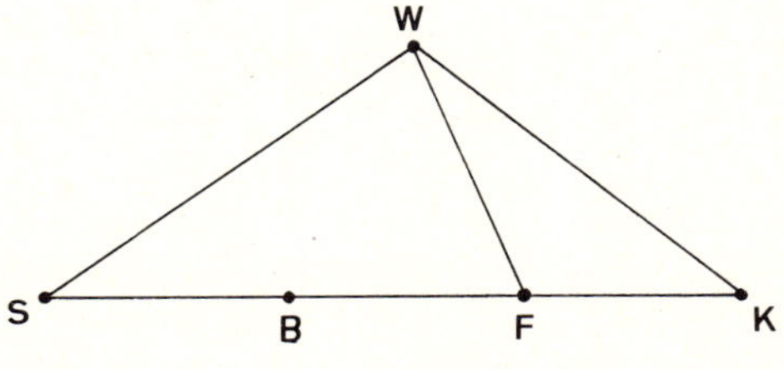


Das Netz ist vom Typ II, da W und F Knoten ungerader Ordnung sind. Folglich ist die Aufgabe nicht lösbar, wenn man von S ausgeht. Sie ist jedoch lösbar, wenn man von W mit Endpunkt F losgeht oder umgekehrt.

# Zum Tüfteln und Knobeln

## 22 Umfüllaufgabe

I

a) Ab Klasse 5

b) Keine

c) –

d) Zur besseren Motivation insbesondere unterer Klassenstufen ließe sich die Aufgabenstellung in eine Weihnachtsgeschichte o. ä. einbetten. Um Schreibaufwand zu vermeiden und Übersichtlichkeit zu wahren, bietet sich das Anlegen einer Tabelle an. Auch sollte darauf hingewiesen werden, daß es zum einen keine Möglichkeit des direkten Abmessens von 4 *l* Flüssigkeit an einem der Gefäße gibt und zum anderen ein völliges Ausgießen ohne Rest möglich sein soll.
Hinweis: Es gibt mehrere Lösungen für das Problem, die kürzeste Möglichkeit ist hier angegeben.

II

**Aufgabe 1:**
Ein Gefäß ist mit 8 *l* Flüssigkeit gefüllt. Man soll so viel herausgießen, daß nur noch 4 *l* übrigbleiben. Leider besitzt das Gefäß keinerlei Markierungen oder Skaleneinteilungen.
Als Hilfsmittel können zwei weitere Gefäße – ebenfalls ohne jegliche Skalen – verwendet werden, die 5 *l* bzw. 3 *l* fassen.
Die Aufgabe ist durch das Hin- und Hergießen der Flüssigkeit in den drei Gefäßen so zu lösen, daß die Anzahl der Gießvorgänge möglichst gering ist.

*Lösung:*

| 8 *l*-Gefäß | 5 *l*-Gefäß | 3 *l*-Gefäß |
|---|---|---|
| 8 | – | – |
| 3 | 5 | – |
| 3 | 2 | 3 |
| 6 | 2 | – |
| 6 | – | 2 |
| 1 | 5 | 2 |
| 1 | 4 | 3 |

Minimum: 6mal gießen!

## 23 Wiegeaufgaben

### I

a) Ab Klasse 5

b) Keine

c) Mathematisch gesehen handelt es sich hierbei um Probleme aus der Kombinatorik. Zur Darstellung sind Baumdiagramme in Form von Alternativbäumen gut geeignet.

d) Die Aufgaben motivieren dazu, selbst tätig zu werden.
Dabei muß nicht gleich der optimale Lösungsweg im Vordergrund stehen. Bei der Vorstellung der Schülerlösungen sollte ein Schwerpunkt auf das Erläutern und Argumentieren gelegt werden.
Bei den beiden letzten Aufgaben wird eine Erleichterung durch die Information gegeben, daß die gesuchte Münze schwerer als die anderen ist. Dennoch besitzt die letzte Aufgabe einen erhöhten Schwierigkeitsgrad. Aber auch hier kommt man mit der Methode zum Ziel, die Anzahl der zu untersuchenden Münzen ungefähr zu dritteln und jeweils zwei der entstehenden Drittelhäufchen zu vergleichen.

### II

**Aufgabe 1:**

Von drei Goldmünzen, die völlig gleich aussehen, haben zwei das gleiche Gewicht. Es ist aber nicht bekannt, ob die dritte

Münze schwerer oder leichter als die anderen beiden ist. Wie oft muß man mit einer Balkenwaage ohne Wägesatz wiegen, um die dritte Münze herauszufinden?

*Lösung:*
Wir stellen den Wägevorgang in einem Baumdiagramm dar:

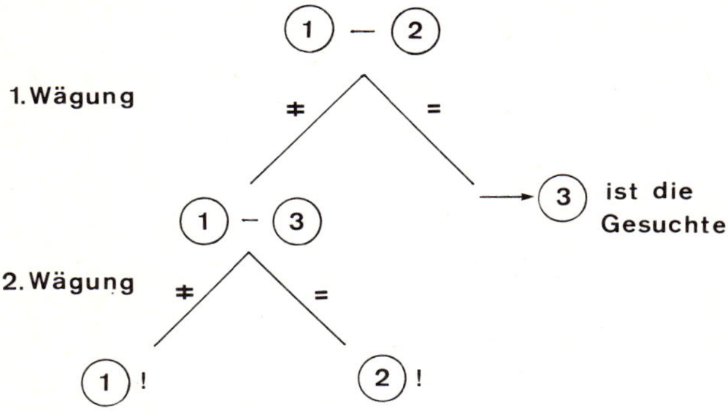


Man benötigt nur zwei Wägungen.
Es ist dabei unerheblich, ob man mit den Münzen ① und ② oder ① und ③ oder ② und ③ beginnt, jedoch ist es für die Darstellung im Diagramm günstig, die Münzen zu numerieren.

**Aufgabe 2:**
Von neun Münzen haben acht das gleiche Gewicht. Nach wieviel Wägungen kann man die neunte sicher herausfinden?

*Lösung:* Man benötigt 4 Wägungen.

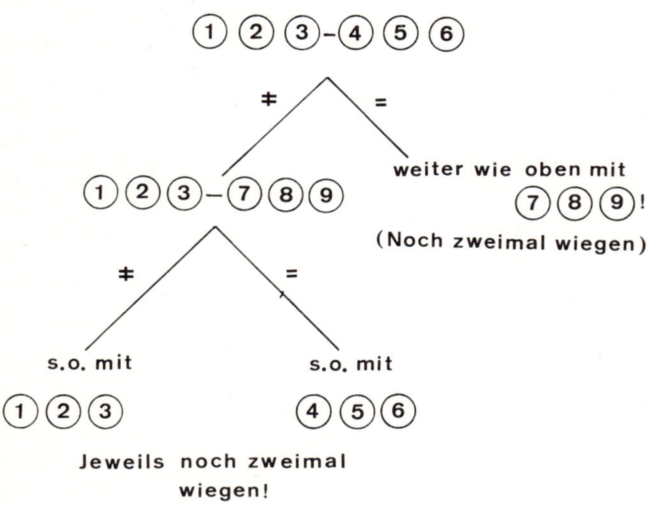

**Aufgabe 3:**

Wie oft muß man wiegen, um aus 8 Münzen diejenige herauszufinden, deren Gewicht sich von dem der anderen unterscheidet?

*Lösung:* Viermal.

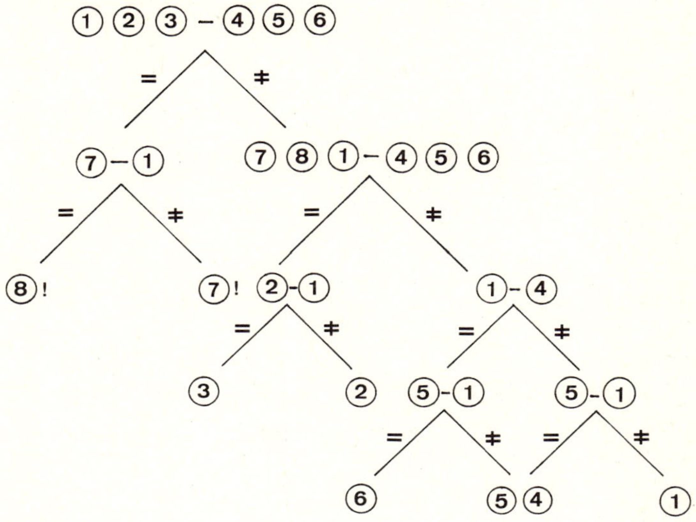


**Aufgabe 4:**

Finde unter 21 scheinbar gleichen Münzen diejenige heraus, die schwerer als die übrigen ist.

*Lösung:*
Man muß dreimal wiegen.

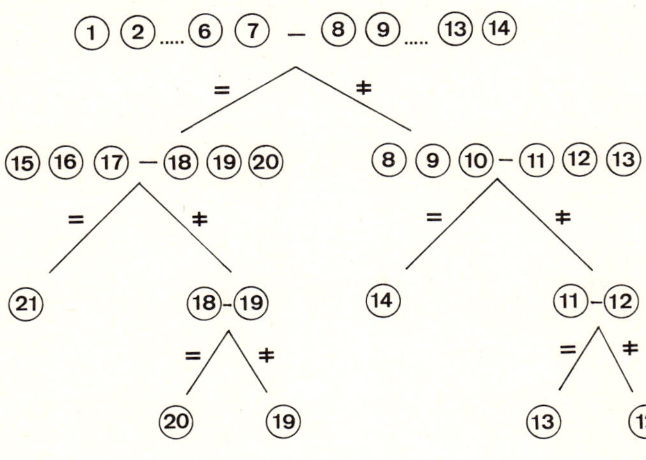

**Aufgabe 5:**

Unter 200 Münzen ist eine schwerer als die übrigen. Finde sie durch Wiegen heraus.

*Lösung:*

Man muß fünfmal wiegen.

## 24 Vom Geldwechseln

I

a) Ab Klasse 5

b) Keine

c) –

d) Selbständiges Probieren und Rechentraining kennzeichnen diese Einheit.

Gerade für untere Klassenstufen ist es sinnvoll, durch Probieren, d. h. abwechselndes Addieren und Subtrahieren, zum Ziel zu kommen. Auf Lösungsverfahren für Gleichungen der Art $a \cdot m - b \cdot n = c$ mit festen natürlichen Zahlen für a, b und c und den beiden Variablen m und n kann hier nicht weiter eingegangen werden (diophantische Gleichungen!). Deutlich zu machen ist nur, daß derartige Gleichungen mehrere Lösungen besitzen. Auch bei derartigen kombinatorischen Aufgaben ist eine korrekte Schreibweise gefordert. Vorsicht ist immer beim Benutzen des Gleichheitszeichens geboten. Da die einzelnen Rechnungen nicht schwierig sind, bietet sich die kurze und übersichtliche Pfeilschreibweise an.

II

Der Kassierer in einem kleinen Dorf in Rußland zahlt nur Geldbeträge in 13-Rubel-Münzen aus. Er nimmt von seinen Kunden lediglich Münzen im Wert von 8 Rubeln entgegen.

**Aufgabe 1:**

Welche Beträge kann der Kassierer auszahlen, ohne Geld entgegenzunehmen?

*Lösung:*
Trivialerweise nur die Vielfachen von 13, nämlich
13, 26, 39, 52, 65, 78, 91, 104, 117, 130, ...

**Aufgabe 2:**
Kann der Kassierer den Betrag von 124 Rubeln auszahlen, wenn der Kunde ausreichend viele 8-Rubel-Stücke besitzt?

*Lösung:*

*1. Lösungsweg:* Probieren.
Dabei muß man versuchen, immer wieder 13 zu addieren und 8 zu subtrahieren, ohne sich dabei zu weit von 124 zu entfernen.

$$\begin{array}{r} 10\cdot 13 = 130 \\ -\ 1\cdot 8\ =\ \ \ 8 \\ \hline 122 \end{array} \qquad \begin{array}{r} 122 \\ +\ 13 \\ \hline 135 \end{array} \qquad \begin{array}{r} 135 \\ -\ 8 \\ -\ 8 \\ \hline 119 \end{array} \qquad \begin{array}{r} 119 \\ +\ 13 \\ \hline 132 \end{array} \qquad \begin{array}{r} 132 \\ -\ 8 \\ \hline 124 \end{array}$$

Es ist möglich, den Betrag von 124 Rubeln auszuzahlen. Der Kassierer muß dabei zwölf 13-Rubel-Stücke ausgeben und erhält vier 8-Rubel-Münzen zurück.

*2. Lösungsweg:* Man muß natürliche Zahlen m und n finden, die die Gleichung $13m - 8n = 124$ erfüllen.
Es gilt $2\cdot 8 - 1\cdot 13 = 16 - 13 = 3$ und $10\cdot 13 - 124 = 130 - 124 = 6$. Folglich kann man von 130 ausgehend die 124 erreichen, indem man zweimal $2\cdot 8 - 13$ von 130 subtrahiert. Die Gleichung wird also erfüllt durch $m = 12$ und $n = 4$.

**Aufgabe 3:**
Kann der Kassierer die Beträge von
**a)** 24

**b)** 60
Rubeln auszahlen?

*Lösung:*

a) $2\cdot 13 = 26 \xrightarrow[-8]{} 18 \xrightarrow[+13]{} 31 \xrightarrow[-8]{} 23 \xrightarrow[+13]{} 36 \xrightarrow[-2\cdot 8]{} 20$

$\xrightarrow[+13]{} 33 \xrightarrow[-2\cdot 8]{} 17 \xrightarrow[+13]{} 30 \xrightarrow[-8]{} 22 \xrightarrow[+13]{} 35 \xrightarrow[-2\cdot 8]{} 19$

$\xrightarrow[+13]{} 32 \xrightarrow[-8]{} 24$

$24 = 8\cdot 13 - 10\cdot 8$

Der Kassierer zahlt 8 Münzen im Wert von 13 Rubeln aus und erhält 10 im Wert von 8 Rubeln zurück.

b) $5 \cdot 13 = 65 \xrightarrow[-8]{} 57 \xrightarrow[+13]{} 70 \xrightarrow[-2 \cdot 8]{} 54 \xrightarrow[+13]{} 67 \xrightarrow[-8]{} 59$

$\xrightarrow[+13]{} 72 \xrightarrow[-2 \cdot 8]{} 56 \xrightarrow[+13]{} 69 \xrightarrow[-2 \cdot 8]{} 53 \xrightarrow[+13]{} 66 \xrightarrow[-8]{} 58$

$\xrightarrow[+13]{} 71 \xrightarrow[-2 \cdot 8]{} 55 \xrightarrow[+13]{} 68 \xrightarrow[-8]{} 60$

$60 = 12 \cdot 13 - 12 \cdot 8$

Der Kassierer zahlt zwölf 13-Rubel-Münzen aus und erhält zwölf 8-Rubel-Münzen zurück.

**Aufgabe 4:**

Denk dir selbst Beträge aus und prüfe, ob sie auszahlbar sind.

Es interessiert nun natürlich, ob der Kassierer jeden Betrag auszahlen kann, sofern nur der Kunde genügend viele 8-Rubel-Münzen bei sich hat, oder ob es nicht-auszahlbare Beträge gibt. Diese Frage läßt sich sicherlich beantworten, indem man prüft, ob sich der Betrag von 1 Rubel auszahlen läßt. Ist dies nämlich der Fall, so ist es möglich, alle Beträge auszuzahlen, da sie ja Vielfache von 1 sind.

**Aufgabe 5:**

Wie läßt sich der Betrag von einem Rubel auszahlen?

*Lösung:*

$13 \xrightarrow[-8]{} 5 \xrightarrow[+13]{} 18 \xrightarrow[-2 \cdot 8]{} 2 \xrightarrow[+13]{} 15 \xrightarrow[-8]{} 7 \xrightarrow[+13]{} 20$

$\xrightarrow[-2 \cdot 8]{} 4 \xrightarrow[+13]{} 17 \xrightarrow[-2 \cdot 8]{} 1$

$1 = 5 \cdot 13 - 8 \cdot 8.$

**Aufgabe 6:**

Welche Beträge unter 84 Rubeln kann ein Kassierer auszahlen, der zwar 13-Rubel-Stücke und 8-Rubel-Stücke ausgibt, aber kein Wechselgeld entgegennimmt.

*Lösung:*

1) Vielfache von 8: 8, 16, 24, 32, 40, 48, 56, 64, 72, 80.

2) Vielfache von 13: 13, 26, 39, 52, 65, 78.

3) Kombinationen dieser Vielfachen:

| | |
|---|---|
| $21 = 1 \cdot 8 + 13$ | $53 = 5 \cdot 8 + 13$ |
| $29 = 2 \cdot 8 + 13$ | $61 = 6 \cdot 8 + 13$ |
| $37 = 3 \cdot 8 + 13$ | $69 = 7 \cdot 8 + 13$ |
| $45 = 4 \cdot 8 + 13$ | $77 = 8 \cdot 8 + 13$ |

$34 = 1 \cdot 8 + 2 \cdot 13$
$42 = 2 \cdot 8 + 2 \cdot 13$
$50 = 3 \cdot 8 + 2 \cdot 13$
$58 = 4 \cdot 8 + 2 \cdot 13$
$66 = 5 \cdot 8 + 2 \cdot 13$
$74 = 6 \cdot 8 + 2 \cdot 13$
$82 = 7 \cdot 8 + 2 \cdot 13$

$47 = 1 \cdot 8 + 3 \cdot 13$
$55 = 2 \cdot 8 + 3 \cdot 13$
$63 = 3 \cdot 8 + 3 \cdot 13$
$71 = 4 \cdot 8 + 3 \cdot 13$
$79 = 5 \cdot 8 + 3 \cdot 13$

$60 = 1 \cdot 8 + 4 \cdot 13$
$68 = 2 \cdot 8 + 4 \cdot 13$
$76 = 3 \cdot 8 + 4 \cdot 13$
$84 = 4 \cdot 8 + 4 \cdot 13$

$73 = 1 \cdot 8 + 5 \cdot 13$
$81 = 2 \cdot 8 + 5 \cdot 13$

Es läßt sich beweisen, daß ab 84 jeder weitere Betrag auszahlbar ist.

**Aufgabe 7:**

Wie lassen sich 85, 86 und 87 Rubel auszahlen?

*Lösung:*
$85 = 9 \cdot 8 + 1 \cdot 13$
$86 = 1 \cdot 8 + 6 \cdot 13$
$87 = 6 \cdot 8 + 3 \cdot 13$

## 25 Unvollständige Rechnungen

**I**

a) Ab Klasse 5

b) Keine

c) Diese Einheit besitzt keinen großen theoretischen Hintergrund, sie soll jedoch das Gefühl für Zahlen stärken und zum Tüfteln und Probieren anregen.

d) Schwerpunkt ist hier das selbständige Probieren und Kombinieren, wobei immer wieder das sichere Beherrschen der elementaren Rechenkenntnisse gefordert wird.
Die Beispiele sollen, im gemeinsamen Unterrichtsgespräch bearbeitet, planvolles Lösungsverhalten demonstrieren. Es soll dabei dem Schüler auch einsichtig werden, daß Kombinieren und Nachdenken schneller und sicherer zum Ziel führt als planloses Herumprobieren.

| II |
|---|

Der Lehrling war gerade auf dem Weg zur Arbeit, als er von einem Regenguß überrascht wurde. Dabei verlief leider auch die Tinte auf einem Zettel mit einer Rechnung, die er für den Tag dringend benötigte.
Läßt sich die Rechnung, von der nur folgende Zahlen lesbar sind, rekonstruieren?

```
...7 · ...
-----------
 .37..
   ..203
    ....6
-----------
 .......
```

*Lösung:*
Nach dem Einmaleins der 7 gilt $7 \cdot 8 = 5\underline{6}$ und $7 \cdot 9 = 6\underline{3}$. Folglich kann es sich bei den letzten beiden Ziffern des zweiten Summanden nur um 9 und 8 handeln.

```
...7 · .98
-----------
 .37..
   ..203
    ....6
-----------
 .......
```

Um nun weitere Stellen des ersten Faktors zu erhalten, betrachten wir die Zeile ..203. Die Endziffer 3 hat sich ja aus $7 \cdot 9 = 6\underline{3}$ ergeben. Wegen $203 - 63 = 1\underline{4}0$ muß die vorletzte Ziffer des ersten Faktors diejenige Zahl sein, die mit 9 multipliziert die Endziffer 4 ergibt, das ist die 6. Analoges Vorgehen liefert als zweite Ziffer des ersten Faktors die 4. Weiter kann man nun auch die letzte Zeile durch Multiplizieren ergänzen und erhält

```
.467 · .98
-----------
 .37..
   ..203
    ..736
-----------
 .......
```

Zur Bestimmung der ersten Ziffer des zweiten Faktors betrachten wir die Vielfachen von 467 und stellen fest, daß nur $8 \cdot 467 = 3736$ an drittletzter Stelle eine 7 aufweist. Mithin ist die erste Ziffer des zweiten Faktors wie die letzte eine 8.

```
.467 · 898
 .3736
   ..203
     .3736
  .......
```

Die erste Ziffer des ersten Faktors kann man nun durch Probieren erhalten. Es ergibt sich

```
1467 · 8 = 11736          5467 · 8 = 43736
2467 · 8 = 19736           ...      ...
  ...      ...
```

Nur bei 5467·8 taucht die richtige Ziffernfolge auf. Die Rekonstruktion der Rechnung liefert also:

```
5467 · 898
 43736
   49203
     43736
 4909366
```

**Aufgabe 1:**

Rekonstruiere

```
..3 · ...
 ...8
   .307
     .53.
  ......
```

*Lösung:*

```
923 · 696
 5538
   8307
     5538
 642408
```

Auch bei Divisionsaufgaben lassen sich unvollständige Rechnungen mitunter rekonstruieren.

*Beispiel:*

```
64.. : 17 = .7.
..
 ...
 ...
  .3.
  ...
    0
```

*Lösung:*

Es ist 64 : 17 = 3 Rest 13 und 7 · 17 = 119.

```
64.. : 17 = 37.
51
13.
119
 .3.
 ...
   0
```

Damit sich bei 13. − 119 am Ende eine 3 ergibt, muß die letzte Ziffer eine 2 sein und wir können weiter ergänzen:

```
642. : 17 = 37.
51
132
119
 13.
 ...
   0
```

Damit die letzte Rechnung im Algorithmus aufgeht, muß die Zahl 13. durch 13 teilbar sein, was nur die 136 erfüllt. Mithin lautet die Rekonstruktion

```
6426 : 17 = 378
51
132
119
 136
 136
   0
```

**Aufgabe 2:**

Rekonstruiere

```
...... : ... = .2..
.0.
1.7.
.418
 .5.2
 ...7
  .2..
  ....
     0
```

*Lösung*

```
876324 : 709 = 1236
709
1673
1418
 2552
 2127
  4254
  4254
     0
```

## 26 Kryptogramme

**I**

a) Ab Klasse 5

b) Keine

c) –

d) Diese Einheit soll Anlaß zum Experimentieren mit Zahlen sein. Dabei kann für die Schüler zunächst das Probieren im Vordergrund stehen. Sie sollten jedoch dahingeführt werden, daß man durch zielgerichtete Überlegungen schneller zu Ergebnissen kommen kann. Dadurch kann heuristisches Vorgehen bei der Problemlösung ebenso geübt, wie ein bessere Gefühl für Zahlen entwickelt werden.
Besonders reizvoll kann es sein, festzustellen, wie viele Schüler welche der möglichen Lösungen erreicht haben. Im Zweifelsfall, ob eine Lösung vorliegt, bleibt immer die Möglichkeit der Probe.
Daß in den Kryptogrammen sinnvolle Wörter stehen, wird besonders motivierend wirken.

**II**

Kryptogramme sind Rechnungen, die verschlüsselt sind und in denen anstelle der Zahlen Buchstaben stehen. Hinter jedem Buchstaben verbirgt sich eine natürliche Zahl zwischen 0 und 9, und gleiche Buchstaben bedeuten natürlich auch gleiche Zahlen. Durch Nachdenken und Probieren kann man die Kryptogramme entschlüsseln, wobei durchaus auch mehrere Lösungen möglich sein können.

**Aufgabe 1:**

Entschlüßle folgendes Kryptogramm

```
    I C H
+   B I N
---------
  L I E B
```

*Lösung:*

Erste Überlegungen:

1) Addiert man zwei dreistellige Zahlen mit dem Ergebnis, daß eine vierstellige Zahl entsteht, so muß deren Tausenderstelle eine 1 sein, folglich gilt L = 1.

2) Untersuchung der Hunderterstellen:
   Es muß B=9 und gleichzeitig die Summe der Zehnerstellen größer oder gleich 10 sein, da sonst bei I+B nicht wieder I herauskommen kann.
   (Anmerkung: Theoretisch wäre auch noch I=0 denkbar, jedoch wenig sinnvoll, da die Zahlen „echte" Hunderter darstellen sollen.)

Daraus ergibt sich schon einmal als Zwischenergebnis

```
    I C H
+   9 I N
---------
  1 I E 9
```

Die Ziffern für die Buchstaben C, E, H, I und N kann man nun durch Probieren erhalten, und es stellt sich heraus, daß dieses Kryptogramm mehrere Lösungen zuläßt, z. B. C=7, E=3, H=4, I=6 und N=5.

**Aufgabe 2:**

Finde weitere Lösungen für das obige Kryptogramm.

```
(z. B.      2 6 8   oder     4 6 7
        +   9 2 3        +   9 4 2
        ---------        ---------
          1 2 0 9          1 4 0 9 )
```

**Aufgabe 3:**

Entschlüßle das Kryptogramm

```
    A A L
+   A A L
---------
  F A N G
```

*Lösung:*

Erste Überlegungen:

1) F=1, wie oben.
2) A=9, da bei den Hundertern A+A wieder A ergeben soll. Dazu ist wiederum notwendig, daß die Summe der Zehner größer oder gleich 10 ist.
3) N=8 und L+L<10, da bei L+L≥10 N=9 wäre, was aber verboten ist, da ja verschiedene Buchstaben verschiedene Ziffern bedeuten.

Für L und G gibt es jetzt nur noch die Möglichkeiten L=2, G=4 oder L=3, G=6. Dagegen ist L=4, G=8 ein Widerspruch zu N=8.

Folglich läßt sich das Kryptogramm nur auf die beiden Weisen

```
    9 9 2   oder     9 9 3
+   9 9 2        +   9 9 3
---------        ---------
  1 9 8 4          1 9 8 6      entschlüsseln.
```

**Aufgabe 4:**

Entschlüßle

| **a)** | **b)** | **c)** |
|---|---|---|
| S C H I | W E G | O N Z E |
| + L I F T | + Z E I T | + N E U F |
| S C H Ö N | E I L E | V I N G T |

(Bei c) ist folgende Zusatzinformation zu geben: ONZE ist durch 11, NEUF durch 3 und VINGT durch 5 teilbar.)

*Lösungen:*

| a) | oder | b) | | |
|---|---|---|---|---|
| 1054 | 1076 | 825 | 745 | 382 |
| + 9478 | + 9658 | + 1207 | + 3419 | + 7814 |
| 10532 | 10734 | 2032 | 4164 | 8198 |

| c) |
|---|
| 4829 |
| + 8976 |
| 13805 |

**Aufgabe 5:**

Entschlüßle die schwierigeren Kryptogramme

| **a)** | **b)** | **c)** |
|---|---|---|
| T E M P O | E B E R | M I X |
| + T E M P O | + E N T E | + F U N |
| + T E M P O | + G A N S | + A N D |
| H E K T I K | + R A B E | M A T H |
| | T I E R E | |

*Lösung:*

| a) | b) | c) |
|---|---|---|
| 71568 | 4846 | 138 |
| + 71568 | + 4124 | + 920 |
| + 71568 | + 9710 | + 407 |
| 214704 | + 6784 | 1465 |
| | 25464 | |

u. a.

(die Kryptogramme sind entnommen aus: Lehmann, J., Kurzweil durch Mathe, Aulis Verlag, Köln 1981.)

## 27 Flächen in Punktgittern

I

a) Ab 7. Schuljahr

b) Berechnung elementarer Flächen wie Rechteck, Dreieck und Trapez.

c) Diese Unterrichtseinheit befaßt sich mit beliebigen Polygonen, deren Ecken Gitterpunkte eines Punktgitters sind, in dem die Punkte den Abstand 1 (1 cm, 1 dm, 1 m) besitzen. Bekanntlich läßt sich der Flächeninhalt solcher Polygone mit Hilfe der Anzahlen der Gitterpunkte, die auf dem Rand liegen (Randpunkte r) und der, die sich im Inneren befinden (Innenpunkte i) nach der Formel

$A = \frac{r}{2} - 1 + i$ berechnen.

d) Die Schüler sollen durch Überprüfen an Beispielen erkennen, daß man die Flächeninhalte von Polygonen in Quadratgittern mit Hilfe der Randpunkte r und der Innenpunkte i eines Quadratgitters bestimmen kann. Die Polygone sind so gewählt, daß sie sich durch geeignete Zerlegungen in elementare Flächen aufteilen und berechnen lassen.

II

1. Die Schüler stellen sich ein Punktgitter her, in dem die Punkte jeweils den Abstand 1 cm besitzen. Man kann dazu das Quadratgitter karierten Papiers verwenden. Dann lassen wir diese Figuren eintragen und ihre Flächeninhalte berechnen:

   $A_Q = 4\ \text{cm}^2$; $A_D = 4{,}5\ \text{cm}^2$; $A_T = 3\ \text{cm}^2$

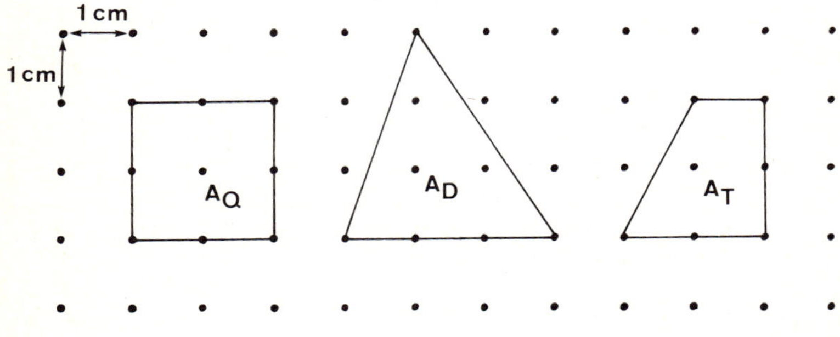

Die Schüler sollen die Anzahlen der Randpunkte r und der Innenpunkte i ermitteln und in diese Tabelle eintragen.

| | r | i | $A = \frac{r}{2} - 1 + i$ | Flächeninhalte |
|---|---|---|---|---|
| Quadrat | 8 | 1 | 4 | $A_Q = 4\ cm^2$ |
| Dreieck | | | | $A_D = 4{,}5\ cm^2$ |
| Trapez | | | | $A_T = 3\ cm^2$ |

Mit Hilfe der Tabelle wird deutlich, daß in den betrachteten Beispielen die Formel $A = \frac{r}{2} - 1 + i$ die Maßzahlen der jeweiligen Flächeninhalte liefert.

**Aufgabe 1:**

Überprüfen der Formel an weiteren elementar zu berechnenden Figuren, wie

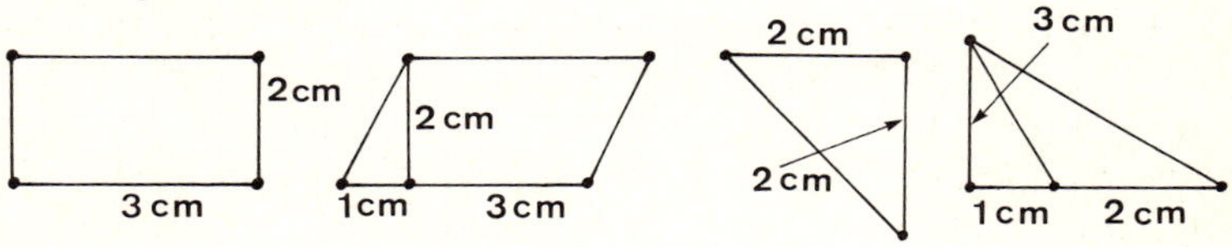


mit Hilfe einer entsprechenden Tabelle.

2. Wir gehen zu komplizierter gebauten Polygonen über

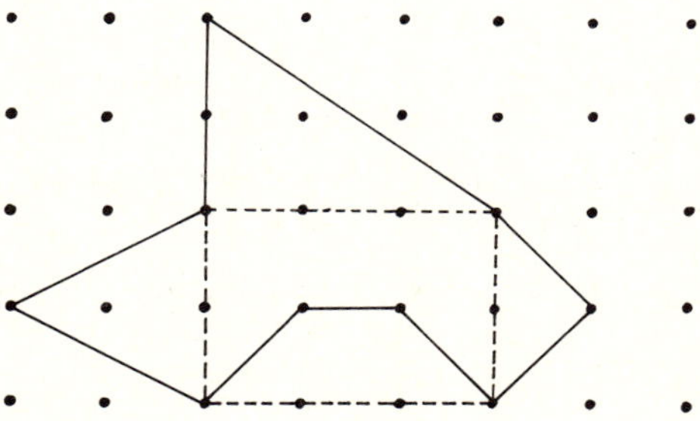

→ Kopiervorlage

**Aufgabe 2:**

**a)** Berechnen des Flächeninhalts des Polygons durch Zerlegen der Fläche in geeignete, leicht berechenbare Teilflächen, z. B. mit Hilfe der eingezeichneten Hilfslinien (3 Dreiecke + 1 Rechteck − 1 Trapez).

**b)** Überprüfen der Formel $A = \frac{r}{2} - 1 + i$

**Aufgabe 3:**

Wie in Aufgabe 2 sollen folgende Polygone untersucht werden:

**a)**

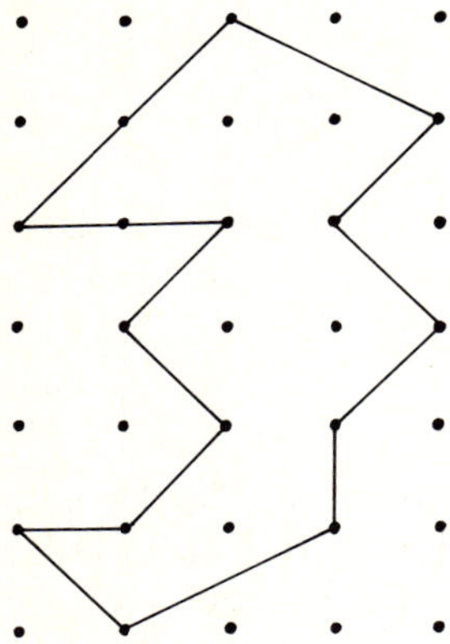

**b)**

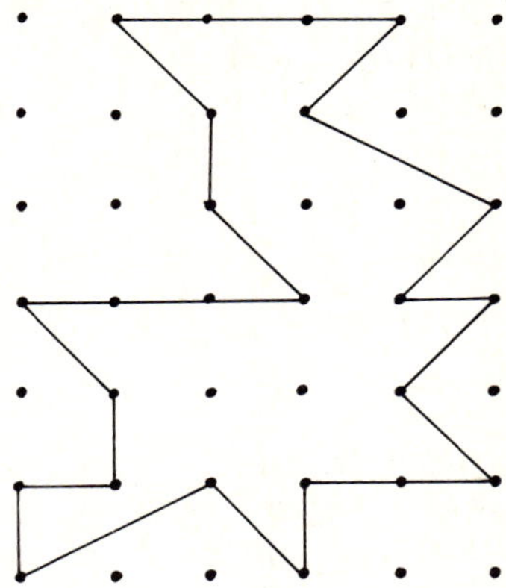

→ Kopiervorlage

# Angewandte Mathematik

## 28 Stellenwertsysteme

I

a) Ab Klasse 7

b) Keine

c) Durch das Aufkommen von Computern hat das Rechnen in anderen Stellenwertsystemen (Dual- und Hexadezimalsystem) eine offensichtliche Anwendungsmöglichkeit und Aktualität erhalten.
Das Rechnen mit Systemzahlen zeigt, daß die für das Rechnen in unserem Dezimalsystem gültigen Algorithmen übertragbar sind und in allen Zahlsystemen Gültigkeit haben. Dabei wird das Abstraktionsvermögen des Schülers beansprucht und geschult.

d) Die Behandlung von Stellenwertsystemen ist im Stoffplan der 5. bzw. 6. Klasse vorgesehen. Diese Einheit ist so angelegt, daß man sie auch bei Schülern verwenden kann, die über keine derartigen Vorkenntnisse verfügen.
Sollten die Schüler jedoch das Hin- und Herverwandeln von Systemzahlen sicher beherrschen, so kann man den Schwerpunkt auf das eigentliche Rechnen mit Systemzahlen legen und den Einführungsteil dieser umfangreichen Einheit überspringen.

II

1. Dualsystem

In unserem Zahlsystem gibt es die zehn Ziffern 1, 2, 3, 4, 5, 6, 7, 8, 9, 0 (Dezimalsystem). Bei der Größe einer Zahl kommt es immer darauf an, an welcher Stelle eine Ziffer steht, z. B. bedeutet bei der Zahl 587 die 5 die Anzahl der Hunderter, die 8 die Anzahl der Zehner und die 7 die Anzahl der Einer.
Die Zahl 10 als Basis des Dezimalsystems hat zur Folge, daß sich jede Stelle einer Zahl von einer anderen Stelle um eine Zehnerpotenz unterscheidet.

Man kann auch schreiben

$$587 = 5 \cdot 100 + 8 \cdot 10 + 7 \cdot 1$$
$$= 5 \cdot 10^2 + 8 \cdot 10^1 + 7 \cdot 10^0$$

Nun ist es leicht sich vorzustellen, daß man statt der Basis 10 auch eine andere Basis wählen kann, z.B. 2. In diesem Dualsystem kann man allerdings nicht mehr von Zehnern, Hundertern, Tausendern usw. sprechen, sondern unter Berücksichtigung der Potenzen von 2 von Zweiern, Vierern, Achtern, ... .
Wir wollen nun eine Zahl, die in dezimaler Schreibweise vorliegt, im Dualsystem darstellen, z.B. 13. Dazu suchen wir zunächst die höchste Zweierpotenz, die in 13 enthalten ist, nämlich $8 = 2^3$.

$$13 = 1 \cdot 8 + 5 = 1 \cdot 2^3 + 5$$

In dem Rest 3 ist die nächstkleinere Zweierpotenz $4 = 2^2$ nicht enthalten, wohl aber die Zweierpotenzen $2 = 2^1$ und $1 = 2^0$ je einmal. Damit ergibt sich die Darstellung

$$13 = 1 \cdot 8 + 1 \cdot 4 + 0 \cdot 2 + 1 \cdot 1$$
$$= 1 \cdot 2^3 + 1 \cdot 2^2 + 0 \cdot 2^1 + 1 \cdot 2^0$$

Als Ziffern gibt es im Dualsystem nur 1 und 0, und die Zahl 13 hat nun das Aussehen 1101. Man schreibt auch $(1101)_2$.

**Aufgabe 1:**
Stelle als Zahlen im Dualsystem dar:
14 (1110), 17 (10001), 27 (11011), 28 (11100)

**Aufgabe 2:**
Wie lauten die Zahlen von 1 bis 15 im Dualsystem?

| dezimal | dual |
|---|---|
| 1 | 1 |
| 2 | 10 |
| 3 | 11 |
| 4 | 100 |
| 5 | 101 |
| 6 | 110 |
| 7 | 111 |
| 8 | 1000 |
| 9 | 1001 |
| ... | ... |

Eine Zahl aus dem Dualsystem läßt sich natürlich auch in eine Dezimalzahl zurückverwandeln.

*Beispiel:* $11101 = 1 \cdot 2^4 + 1 \cdot 2^3 + 1 \cdot 2^2 + 0 \cdot 2^1 + 1 \cdot 2^0$
$= 1 \cdot 16 + 1 \cdot 8 + 1 \cdot 4 + 0 \cdot 2 + 1 \cdot 1$
$= 29$

**Aufgabe 3:**

Verwandle aus dem Dual- ins Dezimalsystem:
110110 (54), 100100 (36), 111111 (63), 1001011 (75).

Addition im Dualsystem

Im Prinzip kann man im Dualsystem genauso wie im Dezimalsystem addieren. Im Dezimalsystem mußte man beachten, daß bei der Addition zweier Ziffern, die zusammen größer als 9 sind, nur die Endziffer hingeschrieben wird und der Übertrag der nächsthöheren Stelle zugeschrieben wird.

Z. B. $36 + 29 = (3 \cdot 10^1 + 6 \cdot 10^0) + (2 \cdot 10^1 + 9 \cdot 10^0)$
$= 5 \cdot 10^1 + 15 \cdot 10^0$
$= 6 \cdot 10^1 + 5 \cdot 10^0 = 65.$

Das Gleiche gilt auch im Dualsystem, wobei hier nur die Schwierigkeit darin liegt, daß es durch die wenigen verschiedenen Ziffern häufiger zu Überträgen kommt. Bei der Addition von Dualzahlen ist folgende Tabelle hilfreich:

| + | 0 | 1 |
|---|---|---|
| 0 | 0 | 1 |
| 1 | 1 | 10 |

*Beispiel:*

$$\begin{array}{r} 11010 \\ +\ 10011 \\ \hline 101101 \end{array}$$

Einer: $0 + 1 = 1$
Zweier: $1 + 1$: Endziffer 0
Übertrag 1
Vierer: $0 + 0 + 1 = 1$

**Aufgabe 4:**

Addiere im Dualsystem:
1101011 + 110101 (= 10100000)
1001001 + 10011 (= 1011100)
101010101 + 11000011 (= 1000011000)

Multiplikation im Dualsystem

Auch hier ist das Anlegen einer Tabelle sinnvoll.

| · | 0 | 1 |
|---|---|---|
| 0 | 0 | 0 |
| 1 | 0 | 1 |

*Beispiel:*
$$\begin{array}{r} 101 \cdot 110 \\ \hline 101\phantom{00} \\ 101\phantom{0} \\ 000 \\ \hline 11110 \end{array}$$

**Aufgabe 5:**

Multipliziere die Dualzahlen
$1011 \cdot 1110$ $(=10011010)$
$10011 \cdot 11$ $(=111001)$
$101010 \cdot 101$ $(=11010010)$

2. Fünfersystem

Im Fünfersystem gibt es die Ziffern 1, 2, 3, 4, 0, und jede Stelle gibt hier ein Vielfaches einer Fünferpotenz ($5^0=1$, $5^1=5$, $5^2=25$, $5^3=125$, $5^4=625$, ...) an.

*Beispiel:*
$$\begin{aligned} 136 &= 1 \cdot 125 + 0 \cdot 25 + 2 \cdot 5 + 1 \cdot 1 \\ &= 1 \cdot 5^3 + 0 \cdot 5^2 + 2 \cdot 5^1 + 1 \cdot 5^0 \end{aligned}$$

Der dezimalen 136 entspricht im Fünfersystem 1021. Man schreibt auch $(1021)_5$.

**Aufgabe 6:**

Wie lauten die folgenden Zahlen im Fünfersystem?
73 (243), 225 (1400)
Bilde weitere Systemzahlen.

**Aufgabe 7:**

Verwandle folgende Fünfersystemzahlen in Zahlen des Dezimalsystems:
$$\begin{aligned} (1103)_5 &= 1 \cdot 125 + 1 \cdot 25 + 0 \cdot 5 + 3 \cdot 1 \\ &= 1 \cdot 5^3 + 1 \cdot 5^2 + 0 \cdot 5^1 + 3 \cdot 5^0 \end{aligned}$$
1103 entspricht im Dezimalsystem 153.
2120 (285), 144 (49)

Bilde selbst weitere Beispiele.

Zur Addition im Fünfersystem ist folgende Tabelle hilfreich:

| + | 0 | 1 | 2 | 3 | 4 |
|---|---|---|---|---|---|
| 0 | 0 | 1 | 2 | 3 | 4 |
| 1 | 1 | 2 | 3 | 4 | 10 |
| 2 | 2 | 3 | 4 | 10 | 11 |
| 3 | 3 | 4 | 10 | 11 | 12 |
| 4 | 4 | 10 | 11 | 12 | 13 |

*Beispiel:*

```
  1320
+ 1041
------
  2411
```

**Aufgabe 8:**

Addiere 3241 + 1413 (10204)
2234 + 1221 (4010)

Für die Multiplikation im Fünfersystem gibt folgende Tabelle die Ergebnisse an:

| · | 0 | 1 | 2 | 3 | 4 |
|---|---|---|---|---|---|
| 0 | 0 | 0 | 0 | 0 | 0 |
| 1 | 0 | 1 | 2 | 3 | 4 |
| 2 | 0 | 2 | 4 | 11 | 13 |
| 3 | 0 | 3 | 11 | 14 | 22 |
| 4 | 0 | 4 | 13 | 22 | 31 |

**Aufgabe 9:**

Berechne im Fünfersystem:

```
1032 · 102        4120 · 312
----------        ----------
   1032              22410
    0000               4120
     2114              13240
----------        ----------
   110314            2400440
```

## 29 Das PASCALsche Dreieck

**I**

a) Ab Klasse 8

b) Die binomischen Formeln

c) Das PASCALsche Dreieck gehört eigentlich in den Bereich der Kombinatorik, die heute leider kaum noch an den Schulen behandelt wird. Die hier angeordneten Zahlen ergeben die sogenannten Binomialkoeffizienten $\binom{n}{k}$ (sprich „n über k") mit natürlichen Zahlen k und n (mit $n > k$).
Die Binomialkoeffizienten sind die Faktoren, die vor den einzelnen Summanden bei der Potenzierung eines Binoms (zweigliedriger Term) auftreten.

Beispiel: $(a+b)^4 = \binom{4}{0} a^4 + \binom{4}{1} a^3 b + \binom{4}{2} a^2 b^2 + \binom{4}{3} a b^3 + \binom{4}{4} b^4 .$
$= 1 \cdot a^4 + 4 \cdot a^3 b + 6 \cdot a^2 b^2 + 4 \cdot a b^3 + 1 \cdot b^4 .$

Die Werte für $\binom{4}{0}, \binom{4}{1}, \ldots, \binom{4}{4}$ kann man auch mit Hilfe der Formel $\binom{n}{k} = \frac{n!}{k!(n-k)!}$ berechnen ($n! = 1 \cdot 2 \cdot 3 \cdot \ldots \cdot n$).

d) Neben dem mathematikhistorischen Aspekt des PASCALschen Dreiecks lernen die Schüler hier, wie man mit Hilfe eines einfach zu erzeugenden Zahlenschemas Zahlen erhält, die für das Umformen von Termen eine große Bedeutung haben. Durch die Kenntnis der Binomialkoeffizienten kann man sich umfangreiche Rechenoperationen beim Ausmultiplizieren von Potenzen von Binomen ersparen.

**II**

Es ist $(a+b)^0 = 1$,
$(a+b)^1 = a+b$ und
$(a+b)^2 = a^2 + 2ab + b^2$.

**Aufgabe 1:**
Berechne $(a+b)^3$ und $(a+b)^4$.

*Lösung:*
$(a+b)^3 = a^3 + 3a^2b + 3ab^2 + b^3$
$(a+b)^4 = a^4 + 4a^3b + 6a^2b^2 + 4ab^3 + b^4$

Schreibt man jeweils die Koeffizienten (Zahlen vor den Variablen) auf, so kann man sie in folgender Weise anordnen:

```
        1
      1   1
    1   2   1
  1 \ / 3 \ / 3 \ / 1
1    4     6     4    1
```

Es entsteht eine Dreiecksfigur, das sogenannte PASCALsche Dreieck (Blaise Pascal, 1623–1662).
Dabei gelten folgende Regeln:

1) Am Anfang und am Ende einer Zeile steht immer eine 1.
2) Eine von 1 verschiedene Zahl ergibt sich immer aus der Addition der beiden darüber stehenden Zahlen, z. B. letzte Zeile $4=1+3$, $6=3+3$, $4=3+1$.

**Aufgabe 2:**

**a)** Schreibe die nächsten sechs Zeilen des PASCALschen Dreiecks auf.

**b)** Berechne damit die Terme
$(a+b)^5$
$(a+b)^6$
$(a+b)^{10}$

**Aufgabe 3:**

Begründe die folgenden beiden Eigenschaften des PASCALschen Dreiecks:

**a)** Das Dreieck ist symmetrisch bezüglich der mittleren Spalte.

**b)** In den Schrägreihen neben den Einsen stehen immer nacheinander die natürlichen Zahlen.

**Aufgabe 4:**

Finde Zeilen, in denen neben den Einsen nur gerade oder nur ungerade Zahlen stehen.

**Aufgabe 5:**

Beim Addieren von geraden (g) und ungeraden (u) Zahlen gelten folgende Regeln:
$g+g=g$, $u+u=g$ und $g+u=u$, $u+g=u$.

Entwickle ein PASCALsches Dreieck, indem du für gerade und ungerade Zahlen jeweils verschiedenfarbige Punkte setzt. Was stellst du fest?

1
1 1
1 2 1
1 3 3 1
1 4 6 4 1
1 5 10 10 5 1
1 6 15 20 15 6 1
1 7 21 35 35 21 7 1
1 8 28 56 70 56 28 8 1
1 9 36 84 126 126 84 38 9 1
1 10 45 120 210 252 210 120 45 10 1

○ gerade
● ungerade

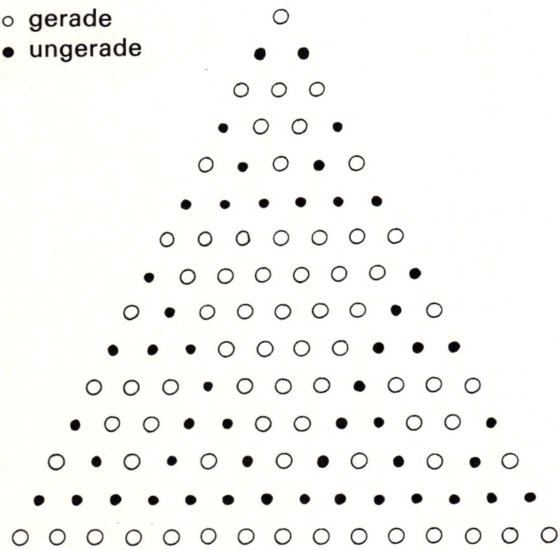

## 30 Uhr und Kalender

### I

a) Ab Klasse 7

b) Keine

c) Den mathematischen Kern bildet die Division mit Rest. Insbesondere läßt sich elementar beweisen, daß jede Zehnerpotenz, die größer oder gleich 100 ist, bei der Division durch 12 den Rest 4 ergibt.

d) Wichtig ist der Hinweis, daß zur Lösung der Aufgabe eine normale Analoguhr mit 12-Stunden-Ziffernblatt zugrundegelegt wird. Andernfalls müßte man die Untersuchungen mit der Division durch 24 durchführen.

### II

**Aufgabe 1:**

Der Nachrichtensprecher im Radio beendet seine Ansage mit den Worten: „Das waren die Nachrichten, es ist jetzt 7 Uhr und 5 Minuten."
Wie spät wird es in 271264 Stunden sein?

*Lösung:*

```
271264 : 12 = 22605 Rest 4
24
 31
 24
  72
  72
   064
    60
     4
```

7.05 + 4 = 11.05.
In 271264 Stunden wird es 11 Uhr und 5 Minuten sein.

**Aufgabe 2:**

Wie spät wird es in 57083185 Stunden und in 42837747 Stunden sein?

*Lösung:*
8.05 und 10.05 Uhr.

Wie wir gesehen haben, ist die Lösung des Problems mit einer recht aufwendigen Division verbunden.
Um auf einem kürzeren Wege zum Ziel zu kommen, sehen wir uns einmal die Reste an, die bei der Division durch 12 entstehen. Denn es liegt auf der Hand, daß uns in der gesamten Division ja nur der letztendlich entstehende Rest interessiert.

**Aufgabe 3:**
Welcher Rest bleibt übrig, wenn man 100, 1000, 10000, ... durch 12 dividiert?

*Lösung:*
Es ist 100:12=8 Rest 4
1000:12=83 Rest 4
10000:12=833 Rest 4 ...
Es bleibt immer der Rest 4.
Das bedeutet: Jeder Hunderter, Tausender, Zehntausender usw., also jede Potenz von Zehn (außer 10 und 1) läßt bei der Division durch 12 den Rest 4. (Dies kann man beweisen.)

Die anschauliche Bedeutung liegt darin, daß jede Zehnerpotenz, die größer als 10 ist, sozusagen den kleinen Zeiger der Uhr um 4 Stunden weiterdreht.
Folgendes Verfahren führt also zügiger zum Ziel:
Wir benutzen noch einmal die Angaben aus der ersten Aufgabe.
1. Ziffer: 2, d.h. 2·4=8 Stunden weiter;
2. Ziffer: 7, d.h. 7·4=28 und 28:12=2 Rest 4, also 4 Stunden weiter;
3. Ziffer: 1, d.h. 1·4=4 Stunden weiter;
4. Ziffer: 2, d.h. 2·4=8 Stunden weiter.
Bisher haben wir den Stundenzeiger insgesamt 24 Stunden weitergedreht, die Uhrzeit hat sich also nicht geändert.
Die letzten beiden Ziffern müssen wir nun gesondert betrachten, da wir für die Zehnerpotenzen 10 und 1 keine allgemeingültige Aussage machen können.
Es ist 64:12=5 Rest 4, folglich wird die Uhr insgesamt nur um 4 Stunden weitergedreht.

**Aufgabe 4:**

Berechne ebenso, wie spät es in 904371, 191569 und 5475854 Stunden sein wird.

*Lösung:*

10.05, 8.05 und 9.05 Uhr.

**Aufgabe 5:**

Angenommen, heute sei Mittwoch. Welcher Wochentag ist heute in 7879 Tagen?

*Lösung:*

Betrachtung des Rests bei Division durch 7:
7879 : 7 = 1125 Rest 4
In 7879 Tagen ist Sonntag.

**Aufgabe 6:**

Welcher Wochentag ist in 864194, 321138 oder 5188807 Tagen?

*Lösung:*

Freitag, Dienstag und Donnerstag.

**Aufgabe 7:**

Der Minutenzeiger meiner Uhr zeigt die 13. Minute an. Wo steht er in 24379829 Minuten?

*Lösung:*

Betrachtung des Rests bei Division durch 60:
243 : 60 = 4 Rest 3
379 : 60 = 6 Rest 19
198 : 60 = 3 Rest 18
182 : 60 = 3 Rest 2
29 : 60 = 0 Rest 29
Der Minutenzeiger ist insgesamt um 29 Minuten weitergewandert und steht jetzt auf der 42. Minute.

**Aufgabe 8:**

Wo steht der Minutenzeiger in 254161, 13901891 oder 5924716 Minuten?

*Lösung:*

Er steht auf der 14., 24. oder 29. Minute.

## 31 Die Osterformel

**I**

a) Ab Klasse 7

b) Keine

c) Die Kompliziertheit der Formel resultiert aus unserem Kalender, der sich nach der Sonne richtet. Sie wäre nach dem Mondkalender anderer Kulturen einfacher.

d) Nach der zunächst verblüffenden Einstiegsfrage zeigt sich, daß das Problem mit Hilfe weniger astronomischer Kenntnisse zu lösen ist. Die Berechnungen sind auch mit weniger großer Genauigkeit (z. B. zwei Nachkommastellen) durchführbar. Es wird ein Eindruck vermittelt von der Schwierigkeit astronomischer Berechnungen, die beim Umgang mit dem unentbehrlichen Kalender normalerweise nicht bedacht werden.
Aus Gründen der Übersichtlichkeit und um den mathematischen Rahmen nicht zu sprengen wurde auf eine Erklärung und Herleitung der Formel sowie die darin auftretenden Konstanten verzichtet.

**II**

Wann ist im Jahre 2000 Ostern?
Um diese Frage beantworten zu können, muß man sich zunächst klarmachen, wie der bewegliche Termin Ostern definiert ist: Ostern ist der erste Sonntag nach dem ersten Vollmond nach Frühlingsbeginn.
Offenbar kommt es also bei der Berechnung des Ostertermins auf die Untersuchung von Vollmondterminen an. Ein Mondzyklus von Vollmond zu Vollmond beträgt 29,53059 Tage.

**Aufgabe 1:**
Um wieviel Tage verändert sich normalerweise Ostern von Jahr zu Jahr?

*Lösung:*
12 Mondphasen entsprechen $12 \cdot 29{,}53059 = 354{,}36708$ Tagen.
1 Jahr hat genau 365,25 Tage. Die Differenz beträgt 10,88292

Tage, das heißt Ostern liegt im folgenden Jahr normalerweise ca. 10,883 Tage früher.
Dabei ist zu beachten, daß Ostern nicht vor Frühlingsbeginn (21. März) liegen kann, so daß auf ein sehr frühes Ostern ein relativ später Termin im darauffolgenden Jahr folgt.

Um nun den Ostertermin des Jahres 2000 bestimmen zu können, benötigt man einen festen Termin, von dem aus man weiterrechnen kann. Beispielsweise ist im Jahre 1988 der erste Vollmond nach Frühlingsbeginn (Ostervollmond) am 2. April und Ostern am 3. April.
In den 12 Jahren von 1988 bis 2000 würde sich nach obigen Überlegungen der Ostertermin um $12 \cdot 10{,}88292 = 130{,}59504$ Tage zurückverlegen. Vergleichen wir diese Zahl einmal mit der Anzahl von Mondzyklen, die ihr am nächsten kommt, so stellen wir fest, daß
4 Mondzyklen $4 \cdot 29{,}53059 = 118{,}12236$ Tage
und
5 Mondzyklen $5 \cdot 29{,}53059 = 147{,}65295$ Tage betragen.
Daraus ergibt sich, daß der Ostervollmond im Jahre 2000 entweder
$130{,}59504 - 118{,}12236 = 12{,}4768$ Tage früher
oder
$147{,}65295 - 130{,}59504 = 17{,}05791$ Tage später als der Ostervollmond des Jahres 1988 (2. April) liegen muß.
Rechnet man nun aber vom 2. April 12,5 Tage zurück, so ergibt das den 20. März, einen Termin <u>vor</u> Frühlingsanfang. Folglich kommt als Ostervollmond des Jahres 2000 nur der 19. April, 17 Tage später als der 2. April, in Frage.

**Aufgabe 2:**

Berechne das Datum von Ostern im Jahre 2000 unter Berücksichtigung der Tatsachen, daß der 3. April 1988 ein Sonntag, 1988 ein Schaltjahr und am 19. April 2000 Ostervollmond ist.

<u>Lösung:</u>
Dazu ist es notwendig, sich klarzumachen, wie sich der zu einem Datum gehörende Wochentag (hier: Sonntag) von einem Jahr zum nächsten verschiebt.
Ein Jahr hat normalerweise 365 Tage, und es gibt sieben Wochentage. Es ist
$365 : 7 = 52$ Rest 1,
d. h. jeder Sonntag verschiebt sich im folgenden Jahr um einen Tag zurück.
Ist z. B. 1988 der 3. 4. ein Sonntag, so ist es 1989 der 2. 4.
Bei einem Schaltjahr beträgt die Verschiebung demzufolge zwei Tage.

Folgende Tabelle stellt nun die Verschiebung der Sonntage dar:

| | Jahr | Sonntag |
|---|---|---|
| | 1988 | 3. 4. |
| | 1989 | 2. 4. |
| | 1990 | 1. 4. |
| | 1991 | 31. 3. |
| Schaltjahr! | 1992 | 29. 3. |
| | 1993 | 28. 3. |
| | ... | ... |
| | 1999 | 21. 3. |
| Schaltjahr! | 2000 | 19. 3. |

Damit haben wir jetzt im Jahr 2000 einen Sonntag gefunden, von dem aus wir weiterrechnen können, bis zum ersten Sonntag nach dem Ostervollmond.
Die folgenden Sonntage sind: 26. 3., 2. 4., ..., 23. 4. Daher ist im Jahr 2000 am 23. 4. Ostern.

Bei der Berechnung des Ostervollmondes kam es darauf an, die jährliche Veränderung des Ostertermins mit einer gewissen Anzahl von Mondzyklen zu vergleichen. Dabei geht es im Grunde genommen darum, eine natürliche Zahl m zu finden, so daß

$$12 \cdot 10{,}88292 \approx m \cdot 29{,}53059$$

möglichst genau abgeschätzt wird.
Die Zahl 12 bedeutete hierbei die Anzahl der Jahre bis zum gewünschten Termin und wird für den allgemeinen Fall durch die Variable n ersetzt.
Somit wäre nun eine „Gleichung" der Form

$$n \cdot 10{,}88292 \approx m \cdot 29{,}53059$$ zu lösen, bzw. das Verhältnis

$$\frac{n}{m} \approx \frac{29{,}53059}{10{,}88292}$$

mit natürlichen Zahlen m und n möglichst genau abzuschätzen.

**Aufgabe 3:**

Finde einen Bruch mit natürlichem Zähler und Nenner, der dem Wert des Bruches $\frac{29{,}53059}{10{,}88292}$ möglichst nahe kommt.

*Lösung:*

$$\frac{29{,}53059}{10{,}88292} = 2{,}7134804.$$

Eine günstige Annäherung stellt $\frac{19}{7} = 2{,}\overline{714285}$ dar.

Mit Hilfe dieses Näherungsbruches und einiger Konstanten läßt sich der Termin des Ostervollmondes wie folgt berechnen:
Wir runden 10,88292 auf 11 und 29,53059 auf 30.

| | | |
|---|---|---|
| -1- | Bei Division der Jahreszahl durch die Konstante 19 bleibt ein Rest a. | 2000 : 19 = 105 Rest 5<br>a = 5 |
| -2- | 204 − 11 a = b<br>Konstante | b = 149 |
| -3- | Bei der Division von b durch 30 bleibt der Rest c. | 149 : 30 = 4 Rest 29<br>c = 29 |
| -4- | Am 21. 3. + c ist Ostervollmond. | hier: 19. 4. |

Diese Formel heißt die GAUSSsche Osterformel.

**Aufgabe 4:**

Berechne das Datum vom Ostervollmond und von Ostern im Jahre 2010.
(Ostervollmond: 30. März, Ostern: 3. April 2010)

## 32 Das BUFFONsche Nadelproblem

**I**

a) Ab Klasse 7

b) Keine

c) Der verblüffenden Tatsache, daß der Wert der Zahl $\pi$ auch empirisch ermittelt werden kann, liegt die geometrische Wahrscheinlichkeitstheorie zugrunde. Der Nachweis ist jedoch mit schulischen Mitteln kaum möglich.

d) Der Reiz der Aufgabe liegt darin, daß hier eine empirische Untersuchung durchzuführen ist. Die Schüler sollen, um eine möglichst große Stichprobe zu erhalten, möglichst oft eine Nadel auf ein Blatt Papier fallen lassen, auf dem parallele Geraden im gleichen Abstand gezogen sind. Dabei empfiehlt es sich die Form der Gruppenarbeit, wodurch Werfen der Nadel und Zählen der Ergebnisse arbeitsteilig bewältigt werden können.
Es können sich nun für die Wahrscheinlichkeit unterschiedliche Werte ergeben, da deren Größe von der Beziehung zwischen Nadellänge und Dielenbreite abhängig ist.

Man kann auch alle Ergebnisse der Schüler zu einer großen Stichprobe zusammenfassen, wenn man gleich zu Beginn für die Breite der Dielenbretter die doppelte Nadellänge ($b = 2 \cdot l$) festlegt.
Es sind keine Vorkenntnisse aus der Wahrscheinlichkeitstheorie notwendig, denn die Definition der Wahrscheinlichkeit als Quotient aus der Anzahl der günstigen Ereignisse und der Anzahl der möglichen Ereignisse ist hier sofort einsehbar.
Zur Wiederholung der Prozentrechnung kann man die errechnete Wahrscheinlichkeit auch prozentual ausdrücken.

## II

In einem Zimmer liegt ein Holzfußboden, der aus Holzbrettern gleicher Breite besteht. Fällt eine Nadel auf diesen Fußboden, so kann sie ganz auf einem Brett liegenbleiben, oder aber so liegen, daß sie eine Fuge zwischen zwei Brettern trifft.

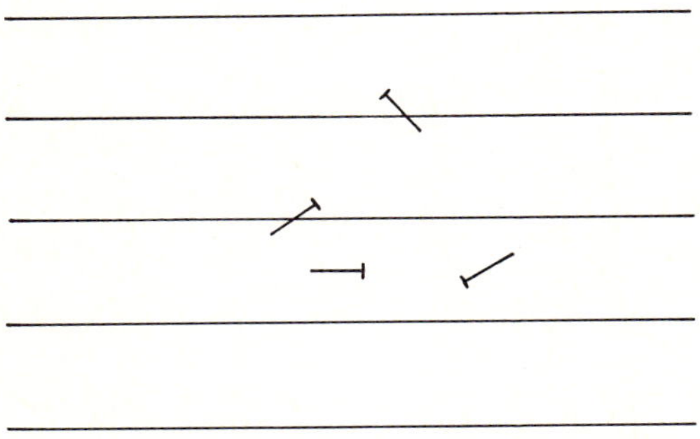

**Aufgabe 1:**
Zeichne auf einem großen Blatt Papier (z. B. DIN A 3) parallele Geraden im Abstand 4 cm. Wirf eine Nadel auf das Papier und notiere die Anzahl der Würfe (n) sowie die Anzahl der Treffer (m). (Würfe, bei denen die Nadel über einer Fuge liegenbleibt.)
Die Wahrscheinlichkeit p errechnet sich dann aus dem Quotienten aus (Anzahl der Treffer : (Anzahl der Würfe), also
$p \approx \frac{m}{n}$.
Wie groß ist p?

*Anmerkung:* Nach dem „Gesetz der großen Zahl" ist ein empirisch ermittelter Wert einer Wahrscheinlichkeit um so genauer, je größer der Umfang der zugrundeliegenden Stichprobe ist, d. h. je mehr Versuche gemacht worden sind.

Der Wert von p hängt natürlich wesentlich davon ab, wie lang die Nadel bzw. wie groß die Breite der Dielenbretter ist.

**Aufgabe 2:**

Wähle nun die Breite b der Dielenbretter so, daß sie die doppelte Länge *l* der Nadel beträgt und ermittle erneut p.

**Aufgabe 3:**

Alle Ergebnisse, bei denen $b = 2 \cdot l$ zugrunde lag, können zu einer Stichprobe zusammengefaßt werden. Berechne danach

$p \approx \frac{m}{n}$ und $\frac{l}{p} \approx \frac{n}{m}$.

Es ist möglich, p auch rechnerisch zu ermitteln. Dabei benötigt man jedoch weitergehende Kenntnisse aus der Wahrscheinlichkeitstheorie und über das Rechnen mit Mehrfachintegralen.
Die Formel, die auf diesem Wege hergeleitet werden kann, lautet:

$$p = \frac{2 \cdot l}{\pi \cdot b}$$

**Aufgabe 4:**

Überprüfe das Ergebnis deiner ersten Stichprobe mit Hilfe dieser Formel.

Da ja einerseits $p = \frac{2 \cdot l}{\pi \cdot b}$ und andererseits $p \approx \frac{m}{n}$ ist, gilt auch $\frac{2 \cdot l}{\pi \cdot b} \approx \frac{m}{n}$ oder $\pi \approx \frac{2 \cdot l \cdot n}{b \cdot m}$.

Das bedeutet: Es ist möglich, die Zahl $\pi$ empirisch zu ermitteln, indem man ausreichend oft eine Nadel auf einen Holzfußboden wirft.

Zu diesem Ergebnis kam schon im Jahre 1777 der Graf de BUFFON (George Louis Leclerc Compte de Buffon 1707–1788), der damit die sogenannte geometrische Wahrscheinlichkeit einführte.

# Merkwürdiges und Scherzhaftes

## 33 Darstellungen der Zahl 100

**I**

a) Ab Kasse 7 (Aufgabe 5: ab Klasse 9)

b) Keine (Aufgabe 5: Quadratwurzeln)

c) Neben der Zahl 100 hätte man auch eine andere, ausreichend große Zahl verwenden können. Es kommt hier nur darauf an, sich ein wenig mit Zahlen zu beschäftigen und ein Zahlgefühl zu entwikkeln.
Bei der additiven Darstellung einer Zahl gibt es natürlich immer die Möglichkeit, sie aus der Summe gleicher Brüche des Wertes 1 zusammenzusetzen, beispielsweise

$$\frac{3}{3}+\frac{3}{3}+\frac{3}{3}+\ldots+\frac{3}{3}=100.$$

Neben diesen trivialen Darstellungen sollten aber möglichst auch andere gefunden werden.

d) Diese Einheit soll dazu dienen, sich auf spielerische Weise mit Zahlen zu beschäftigen und ein Gefühl für Zahlen zu entwickeln. Die Beispiele sind als Motivationshilfen gedacht, die Schüler sollen im wesentlichen eigene Darstellungen entwickeln. Dabei werden hohe Anforderungen an die Kreativität der Schüler gestellt.

**II**

1. Schreibe die Zahl 100 als Summe, Differenz, Produkt o. ä. von Zahlen, in denen nur eine Ziffer auftaucht.

<u>*Beispiele:*</u> 5 Ziffern 1: $100=111-11$
7 Ziffern 4: $100=44+44+4\cdot 4-4$
4 Ziffern 9: $100=99+\frac{9}{9}$
7 Ziffern 7: $100=(7+7)\,7+\frac{7}{7}+\frac{7}{7}$

**Aufgabe 1:**

Erfinde weitere solcher Darstellungen.

$$\left(100 = 3\cdot 33 + \frac{3}{3} = 5\cdot(55 - 5\cdot 5 - 5 - 5) = 9\cdot 9 + 9 + 9 + \frac{99}{99}\right)$$

2. Schreibe die Ziffern von 1 bis 9 in auf- oder absteigender Reihenfolge auf, und setze zwischen ihnen so Rechenzeichen, daß als Ergebnis 100 herauskommt.

Beispiele:
$$1 + 2\cdot 3 + 4 + 5 + 67 + 8 + 9 = 100$$
$$1\cdot 2 + 34 + 56 + 7 - 8 + 9 = 100$$
$$123 + 4\cdot 5 - 6\cdot 7 + 8\cdot 9 = 100$$

**Aufgabe 2:**

Bilde weitere Beispiele.

$$(12 - 3 - 4 + 5 - 6 + 7 + 89 = 100$$
$$1\cdot 2 + 3 + 4 + 5\cdot 6 + 7\cdot 8 + 9 = 100)$$

3. Schreibe die Zahl 100 mit Hilfe der Ziffern 1 bis 9, die jeweils genau einmal vorkommen dürfen.

Beispiele:
$$97 + \frac{8}{4} + 5 - \frac{6}{3} - 2\cdot 1 = 100$$
$$98 + 1 + \frac{3}{6} + \frac{27}{54} = 100$$
$$95 + \frac{81}{27} + \frac{3\cdot 4}{6} = 100$$
$$57 + 42 + \frac{3}{6} + \frac{9}{18} = 100$$
$$96 + \frac{21}{7} + 8 + 5 - 4\cdot 3 = 100$$

4. Jetzt seien die Ziffern 0 bis 9 jeweils einmal zugelassen. Finde damit Darstellungen der Zahl 100.

Beispiele:
$$50\frac{1}{2} + 49 + \frac{38}{76} = 100$$
$$70 + 19 + 4\cdot 5 - 8 - \frac{2\cdot 3}{6} = 100$$

5. Neben den Grundrechenarten kann man auch Wurzeln zulassen. Versuche, auch damit die Zahl 100 darzustellen.

Beispiele:
$$100 = 78 + 15 + \sqrt[2]{9} + \sqrt[3]{64}$$
$$100 = 7\,(\sqrt[2]{169} + 4 - \sqrt[3]{8}) - 5$$

## 34 Alle Wege führen zur 495

**I**

a) Ab Klasse 5

b) Keine

c) Aus einer dreiziffrigen Zahl (z. B. 251), deren Ziffern nicht alle gleich sind, kann man durch Ordnen der Ziffern die höchste (521) und die niedrigste (125) Zahl herstellen. Subtrahiert man nun diese beiden Zahlen voneinander, so erhält man wieder eine dreiziffrige Zahl (521 – 125 = 396). Aus diesem Ergebnis erstellt man nun wieder die höchste und die niedrigste Zahl und bildet die Differenz.
Dieses Verfahren führt nach wenigen Schritten immer auf die Zahl 495.

d) Dieses zunächst verblüffende Problem läßt sich mit zahlentheoretischen Methoden leicht nachweisen. Die einzige Einschränkung bei der Wahl der Zahlen besteht darin, daß nicht alle Ziffern gleich sein dürfen (888 – 888 = 0!).
Daneben ist es wichtig, Nullen beim Umdrehen der Zahl wieder mit hinzuschreiben (z. B. 620, 026).

**II**

**Aufgabe 1:**

Schreibe eine dreiziffrige Zahl auf, deren Ziffern nicht alle gleich sind. (z. B. 251)
Ordne die Ziffern so, daß du einerseits die größtmögliche, andererseits die kleinstmögliche Zahl erhältst.
(521 bzw. 125)
Bilde die Differenz. (521 – 125 = 396)
Bilde aus den Ziffern des Ergebnisses wiederum die größte und kleinste Zahl und subtrahiere sie.
(963 – 369 = 594)
Wiederhole das Verfahren und stelle fest, ob es irgendwann endet. (954 – 459 = 495
und 954 – 459 = 495!)
Was geschieht, wenn die Zahl 495 erreicht ist?

**Aufgabe 2:**

Führe dasselbe Verfahren bei den Zahlen 738 und 441 durch. Was stellst du fest?
Bilde selbst Zahlen aus drei Ziffern und prüfe, ob das Verfahren dann auch auf die 495 führt.
Finde Zahlen, bei denen es möglichst lange bzw. möglichst kurz dauert, bis die 495 erreicht ist.

**Aufgabe 3:**

Untersuche nach demselben Verfahren, ob man auch bei vierziffrigen Zahlen immer zu einem festen Ergebnis gelangt.

*Lösung:* Man erhält immer 6174.

## 35 Merkwürdige Zahlenfolgen

**I**

a) Ab 5. Schuljahr

b) Keine

c) Da die zahlentheoretischen Grundlagen dieser Zahlenfolgen nicht einfach sind, wird hier auf ihre Darstellung verzichtet.

d) Ziel dieser Unterrichtseinheit kann nicht die mathematische Analyse (siehe c)) dieser Folgen sein.
Ihre Aufgabe besteht darin, Anlässe für sinnvolles Kopfrechnen zu liefern. Daneben sollen die Schüler angeregt werden, auftretende zahlentheoretische Phänomene zu untersuchen.

**II**

Eine Zahlenfolge soll nach folgendem Gesetz aufgebaut werden: Jede Ziffer der Ausgangszahl quadrieren und die Quadrate addieren. Dabei gehen wir von 1- bis 2-stelligen Zahlen aus.

*Beispiel:*

15 → 26 → 40 → 16 …

$1^2 + 5^2 = 26$ $\quad 4 + 36 = 40$ $\quad 16 + 0 = 16$

**Aufgabe 1:**

Diese Folge soll um weitere vier Zahlen ergänzt werden.

Tritt in der Zahlenfolge eine dreistellige Zahl wie beispielsweise 145 auf, wird so weiter gerechnet:

1 4 5

| \ \

$1^2+4^2+5^2=42$

**Aufgabe 2:**

Die obige Zahlenfolge soll um fünf weitere Zahlen erweitert werden.

_Lösung:_

Man erhält die Folge

15; 26; 40; $\boxed{16}$; 37; 58; 89; 145; 42; 20; 4; $\boxed{16}$; 37; ...

Mit 16 beginnend erhält man eine Art Periode, die mit 4 endet!

**Aufgabe 3:**

**a)** Die Folge soll mit 16 beginnen. Zehn weitere Zahlen sollen berechnet werden. Was stellt man fest?

**b)** Beginne die Folge mit 89. Berechne zehn Zahlen. Was ergibt sich?

**c)** Fange mit 20 an und ermittle zehn Zahlen. Ergibt sich ein neuer Zahlenzyklus?

_Lösung:_

Man bleibt innerhalb des mit 16 beginnenden Zahlenzyklus.

**Aufgabe 4:**

**a)** Zu untersuchen sind Zahlenfolgen, die mit 8; 51 und 12 beginnen. Gibt es wiederkehrende Zahlenzyklen?

**b)** Beginne eine Folge mit 23. Was stellst du fest?

_Lösung:_

a) 8; 64; 52; 34; 25; 29; 85; 89; ...
Mit 89 gerät man in den Zyklus der Aufgabe 2 und 3.
51; 26; 40; ...
Es entsteht wieder die Folge von 2 und 3.
12; 5; 25; 29;
Auch hier ergibt sich die obige Folge.

b) 23; 13; 10; 1; 1; 1; ...
Der Zahlenzyklus besteht hier nur aus der Zahl 1.

**Aufgabe 5:**

Gibt es andere, von 23 abweichende Zahlen, die die obige Eigenschaft haben? Versuche es mit 32.

Sucht man weitere Anfangszahlen dieser Art, so ist es zweckmäßig, die Reihe von hinten nach vorn zu untersuchen:
Dieser Einerzyklus kann nur von 10 wegen $1^2+0^2=1$ erzeugt werden. Die Quadratsumme 10 wiederum ist das Ergebnis von $1^2+3^2$ bzw. $3^2+1^2$. Also steht vor 10 entweder 13 oder 31.

```
13
  \
   10; 1; 1; ...
  /
31
```

**Aufgabe 6:**

Versuche, diese Anordnung nach vorn zu ergänzen.

*Lösung:*

```
44
  \
   32
     \
      13
     /  \
   23    10; 1; ...
        /
      31
```

Daraus lassen sich die Folgen

```
44; 32; 12; 10; 1; 1; ...
    23; 13; 10; 1; 1; ...
        31; 10; 1; 1; ...
```

ablesen, wobei man jeweils 32 noch durch 23 bzw. 13 durch 31 ersetzen kann.
Weitere Lösungen lassen sich aus diesem Baumgraphen ablesen:

```
48
  \
   68
  /  \
84    100; 1; ...
     /
   86
```

## 36 Die abessinische Art zu multiplizieren

**I**

a) Ab Klasse 5

b) Keine

c) –

d) Im Vordergrund steht das Rechnen, das versuchsweise auch einmal im Kopf durchgeführt werden sollte.

**II**

Um sicher und schnell im Kopf rechnen zu können, benötigt man neben einer guten Konzentrationsfähigkeit auch Kenntnisse über Methoden, wie man sich das Rechnen erleichtern kann. Die folgende Methode, die unter dem Namen „Abessinische Bauernmethode“ bekannt geworden ist, kannten schon die alten Griechen und sogar die alten Ägypter.
Ist beispielsweise 18·26 zu berechnen, so schreibt man folgendes auf

| | |
|---|---|
| 1 | 26 |
| 2 | 52 |
| 4 | 104 |
| 8 | 208 |
| 16 | 416 |

Auf der linken Seite stehen die Zweierpotenzen, auf der rechten Seite steht einer der beiden Faktoren, der immer verdoppelt wurde.
Eine weitere Verdopplung zu dem Zahlenpaar 32 832 ist nicht mehr notwendig, da der Faktor ja 18 lautet und 32 schon größer ist.
Nun beginnt man von unten, d.h. von der größten Zweierpotenz aus, die Zweierpotenzen zu addieren bis der ersten Faktor (18) herauskommt und streicht die anderen Zeilen weg.

| | |
|---|---|
| ~~1~~ | ~~26~~ |
| 2 | 52 |
| ~~4~~ | ~~104~~ |
| ~~8~~ | ~~208~~ |
| 16 | 416 |

Denn 16+2=18.

Auf der rechten Seite addiert man nun ebenfalls

$$416 + 52 = 468.$$

Folglich ist $18 \cdot 26 = 16 \cdot 26 + 2 \cdot 26 = 416 + 52 = 468$.

**Aufgabe 1:**

Berechne ebenso

**a)** $19 \cdot 33$ **b)** $23 \cdot 39$

*Lösung:*

a)

| | | |
|---|---|---|
| 1 | 33 | |
| 2 | 66 | |
| ~~4~~ | ~~132~~ | $19 = 16 + 2 + 1$ |
| ~~8~~ | ~~264~~ | $19 \cdot 33 = 528 + 66 + 33$ |
| 16 | 528 | $= 627$ |

b)

| | | |
|---|---|---|
| 1 | 39 | |
| 2 | 78 | |
| 4 | 156 | $23 = 16 + 4 + 2 + 1$ |
| ~~8~~ | ~~312~~ | $23 \cdot 39 = 624 + 156 + 78 + 39$ |
| 16 | 624 | $= 897$ |

**Aufgabe 2:**

Berechne ebenso

$21 \cdot 29$, $38 \cdot 47$

und weitere selbsterdachte Aufgaben.

*Lösung:* 609, 1786

## 37 Rechnen mit den binomischen Formeln

**I**

a) Ab Klasse 8

b) Die binomischen Formeln

c) –

d) Diese Einheit ist zur vertiefenden Anwendung der binomischen Formeln gedacht. Auf Herleitung und Beweis der Formeln, die im Mathematikunterricht ohnehin ausführlich behandelt werden, wird deshalb verzichtet. Die Aufgaben eignen sich gut zu Kopfrechenübungen.

**II**

**Aufgabe 1:**

Nenne die drei binomischen Formeln.

*Lösung:*

Erste binom. Formel $(a+b)^2 = a^2 + 2ab + b^2$.

Zweite binom. Formel $(a-b)^2 = a^2 - 2ab + b^2$.

Dritte binom. Formel $(a+b)(a-b) = a^2 - b^2$.

**Aufgabe 2:**

Berechne mit Hilfe der drei binomischen Formeln

**a)** $(x+y)^2$ **b)** $(m-n)^2$

**c)** $(a+2)^2$ **d)** $(x-1)(x+1)$

**e)** $(3-z)^2$ **f)** $(2+b)(2-b)$

Will man zu einer gegebenen Zahl die Quadratzahl ermitteln, so kann man neben dem direkten Multiplizieren auch die binomischen Formeln benutzen.

*Beispiele:*

$$43^2 = (40+3)^2 = 40^2 + 2 \cdot 40 \cdot 3 + 3^2 = 1600 + 240 + 9 = 1849$$

$$29^2 = (30-1)^2 = 30^2 - 2 \cdot 30 \cdot 1 + 1^2 = 900 - 60 + 1 = 841$$

**Aufgabe 3:**

Berechne $52^2$, $71^2$, $103^2$, $64^2$, $69^2$, $94^2$, $48^2$, $87^2$.

*Lösung:*

2704, 5041, 10609, 4096, 4761, 8836, 2304, 7569.

Nils hat gerade herausgefunden, daß $33^2 = 1089$ ist. Nun möchte er $34^2$ berechnen. Er rechnet

$$34^2 = 33^2 + 33 + 34 = 1089 + 67 = 1156.$$

**Aufgabe 4:**

**a)** Überprüfe das Ergebnis.

**b)** Begründe das von Nils angewandte Verfahren allgemein.

**c)** Berechne entsprechend $35^2$, $36^2$, $37^2$, $38^2$.

*Lösung:*

a) Das Ergebnis ist richtig.

b) Wenn zu einer Zahl a die bekannte Quadratzahl $a^2$ ist, so gilt für die folgende Zahl $a+1$
$(a+1)^2 = a^2 + 2a + 1 = a^2 + a + a + 1$.
c) 1225, 1296, 1369, 1444.

Auch bei der Multiplikation zweier verschiedener Zahlen kann man manchmal die binomischen Formeln benutzen.

*Beispiel:* $52 \cdot 48 = (50+2)(50-2) = 50^2 - 2^2$
$= 2500 - 4 = 2496$.

**Aufgabe 5:**
Berechne entsprechend $79 \cdot 81$, $67 \cdot 73$, $102 \cdot 98$, $91 \cdot 89$.

*Lösung:*
6399, 4891, 9996, 8099.

## 38 64 = 65?

| I |
|---|

a) Ab Klasse 9

b) Strahlensätze, evtl. Winkelfunktionen (Definition des Tangens).

c) —

d) Ziel dieser Aufgabe ist es zunächst einmal, Staunen zu erzeugen. Daneben wird der trügerische Aspekt der Anschauung entlarvt. Die scheinbar gleichen Einzelflächen weichen nur so gering voneinander ab, daß möglicherweise auch ein Zerschneiden und Neu-Zusammensetzen keinen Aufschluß bringen würde.
Wichtig ist, daß den Schülern klar wird, daß auch in einem scheinbar so offensichtlichen „Beweis" gründliches Prüfen der Einzelaspekte unabdingbar ist.

**II**

**Aufgabe 1:**

Zeichne ein Quadrat der Seitenlänge 8 cm und zerlege es wie folgt:

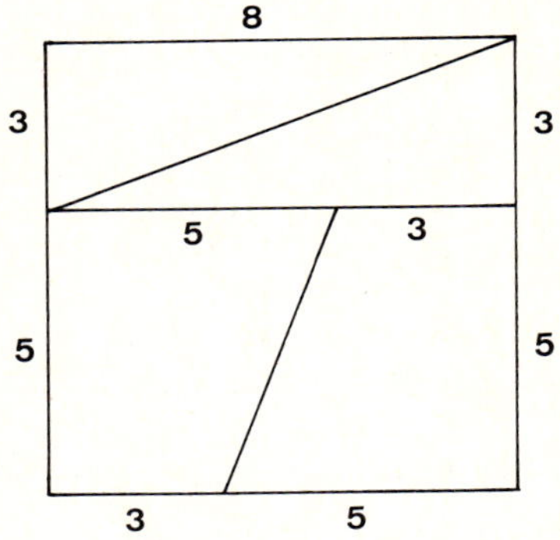


Zerschneide das Quadrat entlang der Linien und setze die Teile zu einem Rechteck zusammen.

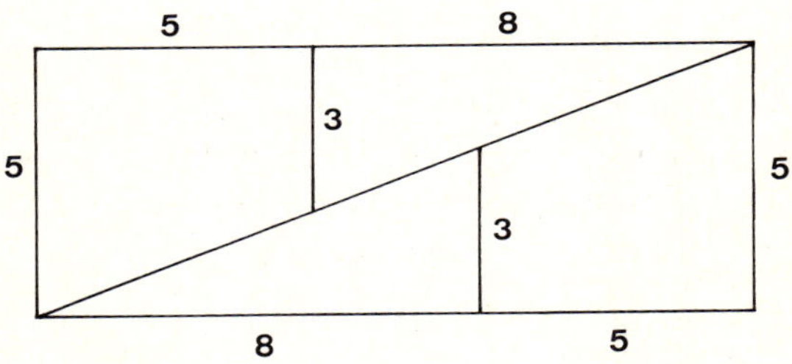


Bestimme den Flächeninhalt des Rechtecks und des Quadrats.
(Das erhaltene Rechteck hat die Seitenlängen 5 cm und 13 cm, sein Flächeninhalt beträgt also 65 $cm^2$. Der Flächeninhalt des Quadrats dagegen beträgt 64 $cm^2$.)
Wie ist der „Zuwachs" von 1 $cm^2$ zu erklären?

*Lösung:*

Natürlich ist in dem obigen „Beweis" ein Fehler gemacht worden. Die einzelnen Teile des Quadrats lassen sich nämlich nicht genau zu einem Rechteck zusammenlegen.
Dafür gibt es mehrere Begründungen.

1) Mit Hilfe des 2. Strahlensatzes:
Danach müßten in dem Rechteck folgende Verhältnisse von Streckenlängen gleich sein:

$\frac{8}{3}$ und $\frac{5+8}{5}$, also $\frac{8}{3} = 2,\overline{6}$ und $\frac{13}{5} = 2,6$.

2) Mit Hilfe der Winkelfunktionen:

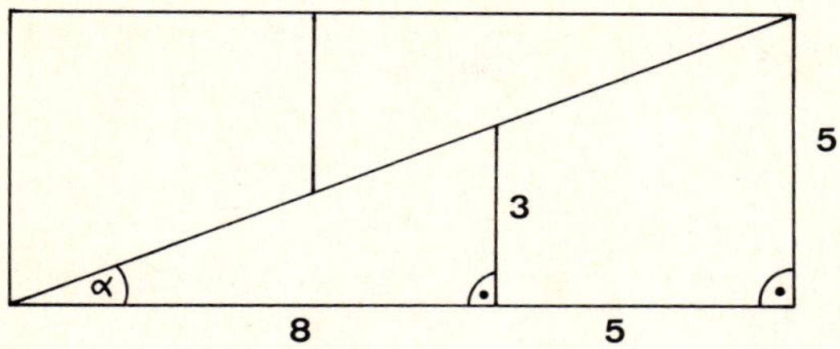


Es wäre z. B. einerseits $\tan\alpha = \frac{3}{8} = 0,375$,

andererseits aber $\tan\alpha = \frac{5}{13} = 0,3846\ldots$.

Finde weitere Widersprüche.

**Aufgabe 2:**

Fertige eine genaue Zeichnung an, indem du die Teile des Quadrats richtig zusammensetzt und stelle fest, wo der fehlende Quadratzentimeter „verlorengegangen“ ist.

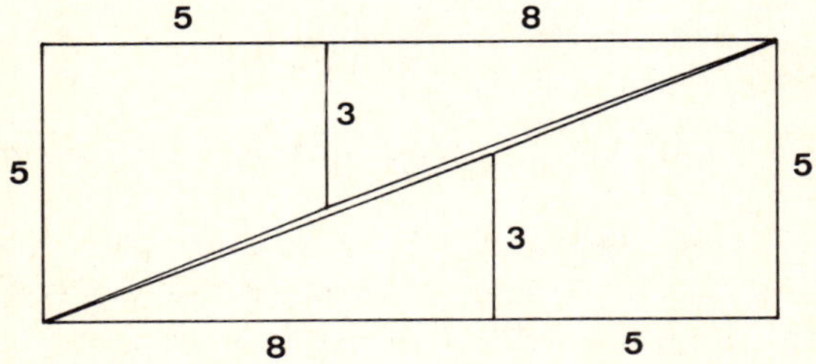

## 39 24 Negerküsse

**I**

a) Ab Klasse 5

b) Keine

c) –

d) Es ist sinnvoll, die Geschichte vorzulesen und die Rechnungen an der Tafel festzuhalten.
Da bei den drei durchzuführenden „Rechnungen“ jeweils elementare Fehler begangen werden, sollte in einem abschließenden Unterrichtsgespräch kurz auf die einzelnen Fehler eingegangen werden. Das Ergebnis 24:6=13 liegt zwar so weit von jeder Realität, daß wohl kein Schüler der Rechnung trauen dürfte, aber die dazu führenden Fehler sind durchaus nicht selten und bedürfen einer Klärung.
Folglich ist darauf hinzuweisen, daß
- bei dem Divisionsalgorithmus niemals ein Rest bleiben darf, der größer als der Divisor ist;
- bei der schriftlichen Multiplikation so viele Zeilen untereinandergeschrieben werden, wie die Anzahl der Stellen des zweiten Faktors beträgt;
- man bei der schriftlichen Addition sorgfältig die Addition der Einer von der der Zehner trennen muß.

**II**

Bei Christians Geburtstagsfeier stellt sich das Problem, die 24 Negerküsse auf die 6 anwesenden Kinder zu verteilen. Die Meinung darüber, wie viele Negerküsse nun jedes der Kinder zu bekommen habe, gehen stark auseinander und schließlich holt Christian Papier und Bleistift und rechnet vor:
„Wir müssen rechnen 24 geteilt durch 6. – Also einmal geht es bestimmt, bleibt Rest 18. Ach ja, und 18 geteilt durch 6 ist 3, also muß das Ergebnis 13 lauten. Jeder bekommt 13 Negerküsse!“.

Und so sah die Rechnung auf Christians Zettel aus:

$$\begin{array}{rl} & 24 : 6 = 13 \\ - & \underline{\phantom{1}6} \\ & 18 \\ & \underline{18} \\ & \phantom{1}0 \end{array}$$

Trotz dieser einleuchtenden Rechnung traten nun bei der Verteilung der 24 Negerküsse Schwierigkeiten auf, die auch durch immer lautere Diskussionen nicht zu beheben waren. Bevor sich Stefan und Antje jedoch zu Handgreiflichkeiten hinreißen lassen konnten, hatte Kerstin eine grandiose Idee:
„Ich habe in der Schule gelernt, daß man bei einer Divisionsaufgabe eine Probe machen kann. Wenn Christian richtig gerechnet hat, muß ja 13 mal 6 wieder 24 ergeben."
Beifälliges Gemurmel war die Antwort und Kerstin begann, folgende Rechnung zu Papier zu bringen:

$$\begin{array}{r} \underline{13 \cdot 6} \\ 18 \\ \underline{\phantom{13 \cdot }6} \\ 24 \end{array}$$

„Seht Ihr," rief Christian triumphierend, „ich habe richtig gerechnet. Kerstin hat es bestätigt. Laßt uns also die Negerküsse weiter verteilen."
Die nächsten 10 Minuten vergingen damit, Negerküsse von Hand zu Hand zu reichen, mit dem Erfolg, daß die Schokolade flüssig zu werden begann, jedoch ohne daß jedes der Kinder die errechnete Anzahl der Leckereien auf seinem Teller hatte.
Schließlich erschien, von immer lauter werdendem Geschrei angelockt, Christians großer Bruder Sven, ließ sich die Sachlage erklären, begutachtete die vorliegenden Berechnungen, zweifelte und verkündete endlich, daß es ja noch eine ganz einfache Art der Probe gäbe.
„Ihr müßt ganz einfach sechsmal die Zahl 13 untereinander schreiben und addieren. Seht einmal her!"

$$\begin{array}{r} 13 \\ +13 \\ +13 \\ +13 \\ +13 \\ \underline{+13} \end{array}$$

Und zum grenzenlosen Erstaunen aller addierte er laut:
„3 6 9 12 15 18, 19 20 21 22 23 24. Stimmt!"

# Literaturauswahl

Bailiff, J. C.; Denkpirouetten, München 1985
Gardner, Martin; Mathematische Knobeleien, Braunschweig 1973
Honsberger, Ross; Mathematische Edelsteine, Braunschweig 1981
Kracke, Halmut; Mathe - musische Knobeleien, Bonn 1983
Lehmann, Johannes; Kurzweil durch Mathe. Köln 1981
Lietzmann, Walter; Sonderlinge im Reich der Zahlen, Bonn 1948
Meschkowski, Herbert; Mathematik, Darmstadt 1969
Miller, Maximilian; Gelöste und ungelöste mathematische Probleme, Leipzig 1979
Steinhaus, Hugo; Kaleidoskop der Mathematik, Berlin 1959
Stowasser, Roland, Mohry, Benno; Rekursive Verfahren, Hannover 1978
Wittenberg, Alexander Israel; Bildung und Mathematik, Stuttgart 1963